谍海幽灵

第二次世界大战主要间谍

胡元斌 严 锴 主编

台海出版社

前言 PREFACE

　　1937年7月7日，驻华日军在卢沟桥悍然向中国守军开炮射击，炮轰宛平城，制造了震惊中外的"七七事变"，中国的抗日战争全面爆发。1939年9月1日，德国入侵波兰，第二次世界大战正式开始。1945年9月2日，日本签署投降书，第二次世界大战宣告结束。

　　这是人类社会有史以来规模最大、伤亡最惨重、造成破坏最大的全球性战争，也是关系人类命运的大决战。这场由德、意、日法西斯国家的纳粹分子发动的战争席卷全球，世界当时人口总数的80%的20亿人口受到波及。这次世界大战把全人类分成了两方，由美国、苏联、中国、英国、法国等国组成的反法西斯同盟国与由德国、日本、意大利等国组成的法西斯轴心国，进行对垒决战。全世界的人民被拖进了战争的深渊，迄今为止这是人类文明史上绝无仅有的浩劫和灾难。

　　在这场大战中，交战双方投入的兵力和武器之多、战场波及范围之广、作战样式之新、造成的损失之大、产生的影响之深远都是前所未有的，创造了许多个历史之最。

　　第二次世界大战的胜利具有伟大的历史意义。我们历史地、辩证地看待这段人类惨痛历史，可以说，第二次世界大战的爆发给人类造成了巨大灾难，使人类文明惨遭浩劫，但同时，第二次世界大战的胜利，也开创了人类历史的新纪元，给战后世界带来了广泛而深远的影响。促进了世界进入力量制衡的相对和平时期；促进了一些殖民地国家的民族解放；促进了许多社会主义国家的诞生；促进了资本主义国家的经济、政治和社会改革；促进了世界科学技术的进步；促进了军事科技和理论的进步；促进了人类认识史上的一场伟大革命；促进了世界人民对和平的深刻认识。

　　第二次世界大战的胜利也是世界人民反法西斯战争的胜利，成为20世纪人类历史的一个重大转折，它结束了一个战争和动荡的旧时期，迎来了一个和平与发展的新阶段。我们回首历史，不应忘记战争给我们带来的破坏和灾难，以及世界各个国家和人民为胜利所付出的沉重代价。我们应当认真吸取这次大战的历史经验教训，为防止新的世界大战发生，维护世界持久和平，不断推动人类社会进步而英勇奋斗。

　　这就是我们编撰《第二次世界大战纵横录》的初衷。该书综合国内外的最新研究成果和最新解密资料，在有关部门和专家的指导下，以第二次世界大战的历史进程为线索，贯穿了第二次世界大战的主要历史时期、主要战场战役和主要军政人物，全景式展现了第二次世界大战的恢宏画卷。

　　该书主要包括战史、战场、战役、战将和战事等内容，时空纵横，气势磅礴，史事详尽，图文并茂，具有较强的历史性、资料性、权威性和真实性，非常有阅读和收藏价值。

谍海幽灵

目录CONTENTS

谍海幽灵

第 二 次 世 界 大 战 主 要 间 谍

卧底东京的"红谍"

　　他是德国人，却选择了共产主义作为自己的终生理想，并为苏军侦察机关效力。在第二次世界大战爆发前后，他在德国、日本等国从事谍报工作，为苏联统帅部提供了有关德军侵略计划和日本在远东的企图等重要情报，为打败法西斯作出了重大贡献。这位叱咤风云的人物，就是二战时的著名"红谍"——理查德·佐尔格。

加入苏共
变身国际情报人员

　　1895年10月，理查德·佐尔格出生在高加索地区一个小镇上。他的父亲是一位德国工程师，他的母亲是俄国人。当佐尔格3岁时，全家迁往德国，定居在柏林郊区利奇特费尔德。

　　佐尔格的高中时代是在利奇特费尔德度过的。他特别感兴趣的课程是历史和文学。还在上高中期间，他就自愿报名参了军，被分配到第三野战炮兵团学生旅，先是在西线同法军作战，后是在东线同俄国人作战。

　　在一次战役中，佐尔格被弹片击伤右腿，被送往柏林陆军医院。身体恢复以后，他又返回原来的部队。可是3周后，他又负伤，这次两条腿都被弹片打折，留下终身残疾。由于他作战勇敢，被提升为军士，并被授予"二级铁十字勋章"。

　　佐尔格受伤后被送到哥尼斯堡大学医院。在那儿，年轻的佐尔格在思想上和性格上经历了一场革命性的转变。

　　像同时代的许多人一样，佐尔格接受过战火的洗礼，曾两次在战壕中作战，但却不知道他们究竟在做什么。佐尔格说："我们虽然在战场上拼命，但我和我的士兵朋友们没有一个了解战争的真正目的，更谈不上它的深远意义了。"

　　佐尔格的思想陷入极度的混乱之中。他开始阅读德国和俄国有关社会主义和共产主义的经典著作，逐渐投身到共产主义事业之中。

　　1916年10月，佐尔格就读于柏林大学经济系，他的计划是"除了学习外

还要参加有组织的革命运动"。

1918年元月，佐尔格正式退伍而就读于基尔大学，攻读国家法和社会博士。在基尔大学，佐尔格结识了科尔特·格拉契教授，俩人经常在一起讨论社会主义和共产主义学说。佐尔格的革命信念更加坚定了。

不久以后，佐尔格便加入了新成立的德国共产党。与此同时，他从基尔搬到汉堡，继续完成他的博士论文的最后部分。

同时，他又积极地参与建立青年人的马克思主义学习小组、培训党的地方组织干部、筹建党的地下支部等工作。他的公开职务则是大学助教、煤矿工人、报纸编辑和记者等。

他还作为地区代表出席德国共产党第七次代表大会。也就在这段时间里，他同克里斯蒂阿尼结了婚。

"红色间谍"佐尔格

1923年下半年，莫斯科马克思主义学院院长来到德国，佐尔格在柏林和法兰克福两次与他见面，从此开始接触苏联共产党。

1924年4月，德共第九次代表大会在法兰克福召开，苏联派了一个由6人组成的代表团参加，其中有苏联军事情报局（即红军四局）的成员。

佐尔格再次与苏联共产党接触，这次见面是佐尔格人生旅途上的重要转折点。红军四局的特工人员早已注意到佐尔格的表现和他的经历了，认为佐尔格是一位理想的特工人员。

经过几次谈话之后，红军四局的人说："你若有兴趣加入四局的话，就到莫斯科来吧。"

佐尔格欣然接受。

佐尔格到了莫斯科，不久便加入了苏联共产党，并被安排在红军四局共产国际情报处工作，负责收集有关各国工人运动、政治经济问题方面的资料，处理和联系各国共产党的党务问题。

接下来的几年，佐尔格便频频穿梭于柏林、哥本哈根、斯德哥尔摩、斯堪的纳维亚、伦敦和莫斯科之间。他的工作干得很出色。他与红军四局局长别尔津将军成了知心朋友。

德国共产党组织的武装暴动失败后，苏联领导人决定把情报、谍报和宣传机构的工作重点从欧洲转移到亚洲。为此，1929年11月，佐尔格被派到中国上海。

到达上海的最初几个月里，佐尔格一面广交朋友，寻找情报的来源；一面潜心研究中国的事务。随着了解的不断加深，他爱上了这片土地。

一次偶然的机会，佐尔格结识了《法兰克福日报》驻远东记者、著名美国左翼人士艾格尼丝·史沫特莱女士。通过她，佐尔格物色到不少中国"助手"。也正是通过她，佐尔格结识了日本大阪《朝日新闻》驻华记者、精通中国事务的日本专家大崎保积（即尾山崎秀实）。

大崎曾是东京帝国大学马克思主义学习小组的成员，对中国共产党持同情态度。他与佐尔格对世界大事的看法比较一致，之后，成为佐尔格的主要搭档和最佳合作者。

卧底东京搜集
日本军事情报

1932年下半年，佐尔格被召回莫斯科。别尔津将军有更重要的任务要他去干。

按佐尔格的说法："如果不是为了崇高的事业，我将在中国一直待下去，我已深深地迷恋上这个国家了。"

回到莫斯科后，别尔津便把任务派给佐尔格——卧底东京，摸清日本的计划，然后回到柏林。

为了逃避审查，佐尔格重新申请了一张德国护照，从履历看来，他是从中国，而不是途经莫斯科返回德国的。同时他还准备了一些身份证明，确保不对他过去的历史追究太多。

1933年7月，一切准备就绪。佐尔格怀里揣着高级介绍信、记者证和崭新的德国护照登上了旅途，他先到法国港口瑟堡，从那里乘船经纽约到横滨，于1933年秋天抵达东京。

佐尔格到达东京的第一件事是去访问德国大使馆。新任大使还没上任，佐尔格受到使馆高级人员的热情接待，并与使馆官员们建立了联系。翌日，佐尔格又手持日本驻华盛顿使馆给外务省情报司司长天羽荣二的介绍信登门拜访。

天羽是外务省数一数二的新闻发言人，他每周主持一次记者招待会，只有各国驻东京的首席记者才有资格被邀请参加。

不久之后，东京小组的核心成员克劳森和大崎陆续来到东京。他们不定期地与佐尔格交换和分析情报。大崎当时已是日本的名人了，更重要的是，

他的一位老同学是近卫文麿的私人秘书，而近卫在内阁中是强有力的，他后来出任首相，两次组阁。

佐尔格还吸收了宫木佑德作为小组的第四名成员。宫木是位善于收集情报的"艺术家"，他总是孜孜不倦地收集各种情报。

佐尔格认为，"假若我真能在日本开始我的学者生活的话，宫木倒是位理想的助手"。

与此同时，佐尔格开始申请加入纳粹党，一年以后就得到批准。之后，他又提出申请，要求加入德国记者协会。

在佐尔格看来，作为一个外国人，即使像他那样是个德国人，要想直接打入日本政界去获取情报也是不可能的，必须从德国大使馆着手。为了获得藏在大使馆保险柜里的绝密材料，必须博得大使的绝对信任，这就是他的主攻方向。

他的信条是："不要把手伸向保险柜，而要让保险柜自动打开，让机密材料自动来到自己的办公桌上。"

1933年年底，德国驻东京新任大使到东京上任。在此之前，佐尔格给《每日展望》撰写的一篇有关日本的文章在德国颇受重视，大使在柏林曾仔细地阅读过，并留下了极其深刻的印象。因此，大使在起草致柏林的报告前同佐尔格交换资料和意见。

另一位给佐尔格帮忙的便是使馆武官尤金·奥特上校。佐尔格到日本后不久，便拿着奥特的一位密友、《每日展望》的一位编辑的介绍信拜访奥特。在这种情况下，佐尔格的光临自然受到欢迎。由于佐尔格显得很有教养、风趣、开朗、活跃而大方，又当过兵，还跟奥特一样上过前线，他俩一见如故。正像佐尔格自己说的："这种友谊可能由于我曾经是一个德国军人，在第一次世界大战中打过仗、负过伤。奥特作为一名年轻的军官也参加过那次战争。"

佐尔格经常给奥特提供关于日本军事方面的有用情报，或者是关于日本形势的精辟见解，这充实了奥特交给柏林的汇报，增加了汇报的分量。由于

他的帮助，奥特升了官，由助理武官升为武官，并被从名古屋调到了东京。

奥特在东京定居后，佐尔格便成了他家里的常客。佐尔格与大使及使馆武官的特殊关系，使得他与使馆人员的交往和大使馆的关系更进一层。

1936年年初，佐尔格发现日本的政局正面临严重的危机。日本军部中的青年军官集团势力越来越大，他们提出"让那些无能的政客们滚下台去"。

佐尔格一直密切注视着这一集团的行动，根据对大崎和宫木收集到的情报的分析，他得出结论：青年军官集团正准备发动武装政变，一切取决于2月20日国会选举的结果。青年军官起事前夕，佐尔格写了一份分析报告，在这份报告送往莫斯科之前，他决定向德国大使、武官和助理武官通报此事。但他们三人谁都不相信，对佐尔格提供的情报未予重视。

2月26日清晨，武装叛乱事件果真爆发！德国大使馆陷于一片慌乱，一时不知如何处置，而消息灵通的佐尔格的威望则更高了。此后，大使和武官对佐尔格更是言听计从。

经过几年的准备，佐尔格开始行动了。他的第一个任务是调查德日两国关系的发展状况和日本对苏联的秘密意图。他从奥特和大使那里获悉，迄今为止，德日之间的秘密谈判尚未取得任何结果。但是，谈判是否可能在更高一级秘密地进行呢？

一天，喝得酩酊大醉的奥特无意中露出了这样一句话：德日之间的谈判又重新开始了。佐尔格警觉地等着他说下去，但新任武官却不再提这件事。同一天晚上，大崎通知佐尔格，英国和法国大使馆里也流传着德日恢复谈判的消息，并为此而感到紧张。宫木从日方那里也了解到同样的情报。

佐尔格要求大崎和他的朋友摸清这些传闻的真实含义，自己则从德国使馆方面着手。在向莫斯科发出报告之前，他开始密切观察事态的发展。

4月、5月、6月飞逝而过。其间，佐尔格只收到大崎的报告：1936年4月，日本驻德国大使同德国外交部就签订同盟条约一事举行过多次谈判，因日方不愿立即同德国签订军事同盟，故谈判困难重重。

此后，无论从奥特还是从大使那里都捕捉不到一点有关谈判的消息，很

可能谈判对他们也是保密的。佐尔格因为无法获得德日谈判的确切消息和内容而忧心忡忡。

然而不久，奥特给佐尔格带来了好消息。一天，奥特把佐尔格叫到自己的办公室告诉他，大使和他本人从日本陆军总参谋部得知，德日谈判正在柏林进行，德国外事局根本未参加谈判，谈判负责人是日本驻柏林使馆武官小岛及德国情报局局长卡纳里斯海军上将。奥特让他帮忙拟一份密码电报给柏林德军司令部，要求提供有关谈判的情报。

柏林一时没有答复，奥特感到很烦恼。他又让佐尔格再发一封电报给柏林。德军司令部终于复电了。佐尔格从那里了解到许多细节情况，但总的来说，谈判仍在进行当中，结果尚不知晓。

后来，柏林派来了一位特别信使哈克，他是代表德国外交部和卡纳里斯秘密来到东京的。佐尔格在奥特的办公室里遇到哈克。哈克此前与佐尔格在飞机上相识，于是，与奥特一起，他们3人便去东京一家著名的大饭店，喝酒叙旧。

从这个偶然的相遇中，佐尔格知道了自己想知道的一切：谈判正在进行，并最终能签订军事同盟条约；希特勒准备和日本共同攻击苏联。哈克此行是来日本制造气氛的，以便早日结成德日同盟。这样，在全世界知道德日两国签订"防共协定"之前，苏联政府早就掌握了其内情。

1937年近卫文麿出任日本首相后，组织了一个"科学协会"作为他的智囊团，特邀大崎参加。大崎成了近卫的密友和谋士，得以直接参与国家政治事务，并可对首相直接施加影响。

从此，佐尔格便可因此而获得更多的重要机密材料。佐尔格根据大崎所获情报的分析得出结论：近期内日本不会对苏作战，但它正准备全面进攻中国。他将这一结论报告了莫斯科。

7月7日，卢沟桥事变爆发。7月10日，日本首相近卫、陆相杉山及外相一起举行记者招待会，宣布日本全面对华作战。佐尔格想知道德国对这场战争的态度，所以他问大使："我们德国记者是否应支持近卫？"

　　大使把刚从柏林发来的电报给他看。电文中提到，由于日本对中国的战争牵制了日本的大部分力量，因而必然不利于进攻苏联。关于德日同盟条约的谈判一事，德国外交部宣称，他们不打算没有报偿而白白奉送礼品。由于两国意见不同，无法结成同盟。

　　第二天，佐尔格从大使那里知道，现在是日本向德国提出请求了。外相要求德国政府停止向蒋介石政府提供武器，陆相则坚持要德国从南京召回他的军事参谋人员。经过对来自各个方面的情报进行分析之后，佐尔格给莫斯科发送了一份密电：

　　　　日本人企图在其他一些大国中制造假象，似乎他们打算对苏作战。但实际上，近期内日本不可能大规模进攻苏联。

综合分析最早
发出德苏战报

佐尔格努力促成奥特的升迁，以利于他控制德国驻日本大使馆。1938年3月柏林来电，提升尤金·奥特为少将，并任命他为德国驻东京大使。前任大使奉命回到柏林，出使伦敦。

此后，佐尔格就公开在大使馆办公。大使的保险箱终于对他敞开了。他可以一连儿小时地研究第三帝国的绝密材料，有时干脆把材料带回自己的办公室拍照或收藏在自己的保险箱里。

1939年年初欧战爆发后，佐尔格负责把柏林发来的官方电讯稿编成新闻简报。此外，他还编新闻通报，分发给日本的报刊。

1940年，佐尔格终于加入了纳粹党记者协会，他是以著名作家和记者的身份入会的。在此之前，他还应德国《法兰克福日报》之邀，正式成为该报驻东京的特派记者。

他忠实的纳粹党记者形象终于塑成。接着，他还被任命为纳粹党日本地区的负责人。

德意日三国军事同盟条约经过几星期的谈判后已在东京签署。虽然三国军事同盟条约中没有提到缔约国同苏联的关系，但这并不意味着这几个国家不会发动对苏战争。

希特勒真正的目的是什么呢？奥特大使也不知道其行动计划。好运还是伴随着佐尔格的，一位从柏林来的信使给出了答案。这位信使是途经莫斯科到达日本的。

佐尔格随便问了一句："苏联人对德国向西扩张有什么反应？"

信使耸了耸肩说道："管它有什么反应呢！反正元首已在7月会议上确定了消灭苏联有生力量的计划！"

1940年11月18日，佐尔格首次向莫斯科发出警报：希特勒准备发动对苏战争！莫斯科马上回电，要他们提供确凿的证据，仅根据信使的话是不足信的。通过与大使馆的关系，各种情报源源不断地从柏林发来。佐尔格经过仔细分析，最终发现，原来德国预定进攻英国的师团都是虚假的，而且3个月前，希特勒已把第四和第十二集团军秘密调到东线苏联边境上。

1940年12月30日，佐尔格又发出如下密电："在苏联边境地区已集结了80个德国师。德国打算沿哈尔科夫—莫斯科—彼得格勒一线挺进，企图占领苏联！"

1941年3月5日，佐尔格又向莫斯科发出如下密电："德国已集中了9个集团军共150个师，以进攻苏联。"

接下来的两个月间，德国信使及柏林国防部的警卫人员川流不息地从欧洲来到驻东京的德国使馆，开始仅是顺便提到，继而则频频谈论德国部队从西线向苏联边境的移动，德国东线防御工事已经完成等。

风声日紧，佐尔格煞费苦心地捕捉德国可能入侵苏联的任何一点迹象，无线电技术专家克劳森则一个接一个地向莫斯科发报。

与此同时，日本特种部队的报务员们越来越频繁地截获到一个身份不明的密电码，但一时还无法破译出来。日本人因为东京有一个外国间谍网而惶惶不安。安装着无线电测向仪的汽车到处巡回搜索，整个东京的反间谍机关都投入了行动。大使也曾对佐尔格提过，日本反间谍机关头子曾到使馆拜访过他。

佐尔格深知，如此频繁地向莫斯科发报，会加速暴露自己的组织，使自己也处于危险之中。但是他认为，个人的生命同千百万人的生命、同世界上第一个工农国家的安全相比，又算得了什么呢？现在时间已经不多了，必须加快行动……

5月下旬，德国国防部特使抵达东京。

经过与特使谈话，佐尔格发现德国对苏战争已成定局。德国决心占领乌克兰粮仓，利用苏联战俘，以弥补德国劳动力的短缺。

希特勒确信，袭击苏联，现在恰是时候，因为对英战争一旦爆发，便无法迫使德国人打苏联，只有进攻苏联，才能消除东线的威胁。几天后，德国总参谋部另派了一位军官来到东京，他带来了给东京大使的绝密指示："有关德苏战争应采取的必要措施已完全确定，一切已准备就绪。德国将在6月下旬发起进攻。德军170个至190个师已聚集在东线。一下最后通牒，立即进攻。红军将崩溃，苏维埃政权将在两个月内瓦解。"接着，德国外交部的有关电报也到了。

5月30日，佐尔格向莫斯科发出如下电报："德国将于6月下旬进攻苏联，这是确凿无疑的。所有驻日德国空军技术人员已奉命飞返德国。"

发出电报后，佐尔格回到自己的寓所，这时已是东方欲晓了。在寓所门口，他突然看到了大崎。大崎直接来寓所找他是违反秘密工作规定的，一定是有什么紧急情况。

大崎脸色苍白地告诉他：希特勒亲自接见了日本驻德大使，正式通知日本，6月22日德国将不宣而战，进攻苏联。希特勒要求日本于同一天在远东地区向苏联发起进攻。对此日本大使宣称，在同本国政府磋商前，他不能作出任何允诺。

佐尔格连寓所的门都没进，立即跳上车，掉头驶向克劳森的寓所，急促地对他说："快发报，快发报——战争将于1941年6月22日爆发！"

急电发出后，佐尔格及其战友们十分焦急地等待莫斯科的复电，盼望苏联政府在外交上、军事上做出相应的反应。他们全都明白这个情报的重要性，然而莫斯科一直保持沉默，不作答复。

佐尔格百思不得其解，后来按捺不住焦急的心情，又口授克劳森立即发出如下的电文："再次重复：170个师组成的德国9个集团军将于6月22日不宣而战，向边境发动进攻。"

莫斯科终于给他们拍来了一个无线电报表示

德军在苏联边境集结

感谢。这是很不寻常的。但电文中并未提及苏联政府的反应，这令佐尔格感到不甚满意。

6月22日，星期日，德国法西斯背信弃义，撕毁《苏德互不侵犯条约》，不宣而战，悍然发动对苏战争。全世界陷入震惊之中。

佐尔格向莫斯科口授了一封电文："值此困难之际，谨向你们表示我们最良好的祝愿。我们全体人员将在这里坚持完成我们的任务。"

毫无疑问，佐尔格就德国袭击苏联事先提出警告，是他的小组作出的最大贡献，这无疑是谍报史上令人叹为观止的杰作。

苏德战争爆发之后，苏联陷于两难处境，一方面他们要抵御德国法西斯的疯狂进攻，同时又担心日本在远东地区发动对苏战争，导致腹背受敌的局面。莫斯科陷入极度的惶恐之中。

6月26日，他们电告佐尔格："告诉我们日本政府做出的有关我们国家和德苏战争的决定，日本军方因苏德战争而进行动员，并调遣部队到大陆的资料，以及有关日本军队向我们边界移动的情况。"

在此之前的3个月里，佐尔格和大崎一连好几个星期专心致志地研究了日本在北方的军事部署，他们就已收集到的日本军队的作战状态、军队的数目、驻扎地点、师长及主要军官姓名等情报逐条加以核实，勾画出一张草图，由"艺术家"宫木描绘制成。在这张草图的基础上，他们还着手进一步收集和修正情报。

佐尔格根据已掌握的情报和近来的形势分析得出结论：日本军队已进入完全作战状态，但向北方进攻的意图不明显。

与此同时，日本军队则摆出另一副架势。

7月2日，日本政府和军队举行御前会议，天皇参加并批准了重要政策决定。陆海军制订了新作战计划，制订了北方前线与西伯利亚边境以及华南前线与太平洋的作战部署。会议通过了重要决议：日本将争取"支那事件"的圆满解决，但同时准备，一旦北方或南方发生紧急情况则将进行普遍动员，以便向不论哪个方向调遣军队。

　　会议后一周，奥特收到日本政府有关会议决策的扼要报告。奥特大使把这一声明解释为日本的真实意图是在北方进行动员，他们将在北方增兵，进攻西伯利亚，而在南方持守势。大崎则告诉佐尔格：近卫首相的看法是，日本为"支那事件"忙得不可开交。由于他对正在进行的日美谈判究竟会产生什么结果还未摸底，因此不愿与苏联交战。

　　佐尔格经过分析各种资料得出以下看法：日本将采取措施保住它在北方的地位，而不是真向苏联进攻，但在南方向印度支那发动进攻是无疑的。佐尔格将此看法电告了莫斯科。

　　与此同时，日本政府一个大规模的普遍动员计划开始了。佐尔格、大崎和莫斯科都忧心如焚，他们关心的重要问题是：各师动员起来后，准备开往何地？

　　佐尔格的小组成员各自加紧执行自己的主要任务。大崎计划制作一张包罗万象的图表，摸清调往东北的部队的数目，以及日本为进攻苏联在满洲进行准备的状况和规模。动员计划的细节由宫木提供，他可以从军队里的情报员那里收集到材料。佐尔格则负责从德国使馆搞情报。

　　大崎的第一批报告未免有点让人感到紧张："不难证实，日本既向北，又向南调兵，但我无法找出到南北方向去的比例。"接着，他便前往中国东北实地调查去了。

　　来自宫木的报告也支持这种看法："应征入伍者组成若干小组，有的人发冬装，有的人则发夏装，然后把他们分派到已经建制的部队。"

　　接着，来自大崎和宫木的报告又补充说："因为美日关系进一步复杂化，部队大部分将开往华南。"

　　佐尔格日夜苦思，勾画出了总部署的轮廓。动员分三个阶段进行，总共为两个月的时间。第一阶段为15天，计划7月8日前完成，征兵共130万人，7月底以前军队征用100万吨商船运输。佐尔格还注意到，动员进展缓慢，根本不能按计划完成。

　　尽管有柏林方面不断施加的压力和德国军官对日本人施加的影响，经过

与土肥原、冈村两位将军的谈话后，奥特才不得不相信，日本的进攻非得等到红军溃败到日本进攻有绝对把握的时候，否则，他们决不轻举妄动。

土肥原指出：日本由于石油匮乏，不能参加一场旷日持久的战争；除非确信能够速战速决，否则决不发动对苏战争。奥特还说，日本认为苏联能维持到今年冬天。

8月20日至23日，日本最高统帅部在东京召开会议，讨论对苏作战问题。会议决定当年不向苏联宣战，但有以下保留，陆军在下面两个条件得到满足时便开始作战：关东军力量超过红军3倍时；有明显迹象说明西伯利亚军队内部瓦解时。大崎把这个情况向佐尔格作了汇报。佐尔格亦将此情况电告了莫斯科。佐尔格为了分析战争而钻研日本政策、计划，其详尽无遗和准确无误，真可谓达到了尽善尽美的程度！

上自大崎在近卫左右的好友，下至宫木的军人关系，以及佐尔格本人与德国大使馆高级官员的谈话，凡是他收集到的情报都要相互验证，对从7月2日御前会议到8月20日至23日日本最高统帅部会议不断透露出的高级决策，他都要全面考虑，仔细加以分析。他工作之认真细致，堪称谍报活动的楷模。

从春季以来，由于远东和平与战争的局势变幻莫测，佐尔格的工作显得格外谨慎，这是他长期谍报经验的结果。大崎终于完成了小组的调查任务，从中国东北回来。佐尔格对他的工作非常满意。

佐尔格以日本春秋两次动员的调查和大崎调查报告作基础，结合日本的资源、生产、经济结构、国家财政收支和军事力量等大量数据和材料的分析，得出结论：日本无力进行长期的战争，不可能同时多面出击。

9月6日，他致电莫斯科："只要远东红军保持一定的战斗力，那么日本就不会发动进攻。"

之后他又从探讨日本与美国以及日本在南方、亚洲和太平洋地区的战争与和平问题入手，加紧研究日本的意图。1941年10月4日，佐尔格向莫斯科发出最后一封、也许是最重要的一封电报：

苏联的远东地区可以认为是安全的，来自日本方面的威胁已排除。日本不可能发动对苏战争。相反，日本将在下几周内向美国开战。

莫斯科很快复电，对他们的工作感到非常满意，并宣布：佐尔格及其东京小组的使命已告完成。佐尔格和他的战友们感到无比激动和欣慰。就在佐尔格他们紧张地收集情报的时候，日本警察局特高课的成员们也在加紧搜捕活跃在东京的最大间谍网的活动。宫木和大崎先后被捕。

1941年10月18日清晨，佐尔格在自己的寓所被捕。第二天，克劳森也遭到了同样的厄运。为这一案件，日本警察逮捕了有关人员35人。奥特的大使职位被撤销，并被遣送回柏林。日本警察局对佐尔格进行法西斯式的审讯，佐尔格遭到了残酷的折磨和严刑拷打。

1944年11月7日，他与大崎一起以叛国罪被秘密处死，终年49岁。

克劳森被释放后，经海参崴（即符拉迪沃斯托克）秘密逃往莫斯科。他后来成为一家企业的管理人员，过着默默无闻的生活。

1964年，沉默了20年的莫斯科当局公开了佐尔格的秘密，并于佐尔格的忌日追认他为苏联的最高英雄。苏联报刊发表了许多文章，颂扬他在第二次世界大战中作出的贡献。苏联的一艘油轮、莫斯科的一条大街以佐尔格的名字命名。

1965年春，苏联为纪念佐尔格发行了一枚面值为4戈比的纪念邮票。邮票的红色背景衬托着一枚苏联英雄勋章和佐尔格的肖像。

谍海幽灵

德英两国间谍战

　　1940年4月9日，德国采用调虎离山之计大规模地实施了在挪威各港口的登陆，而英国对此举竟毫无觉察。事后，英国采取"移花接木"之计，以牙还牙，实施了造成德意法西斯军队伤亡、被俘达22万之多的"肉馅"行动。"肉馅"行动计划的成功，是英国谍报史上的不朽传奇。

破译密码实施
调虎离山之计

　　1940年4月9日，在法西斯德国军队占领波兰之后的第六个月，被胜利所鼓舞的德国海军竟无视强大的英国舰队，以2艘战列巡洋舰、1艘袖珍战列舰、7艘巡洋舰、14艘驱逐舰、28艘潜艇的兵力，掩护3个师的陆军，不远千里，同时在挪威各主要港口登陆，配合当时在挪威各主要城市着陆的空降部队，完成了代号为"威塞演飞"的占领挪威作战的最初战斗行动。

　　而英国皇家海军预先对德国海军这一在第二次世界大战中实施的最大规模作战行动，竟然毫无察觉和防范。

　　德国海军之所以能够达成这一大规模作战行动的突然性，原因是多方面的：英国政府当时推行的姑息政策、宽阔的北海和挪威海海区恶劣的气候等，都为德军的成功提供了条件。

　　尤其值得指出的是，德国海军情报机构当时根据破译的大量英海军密码电报，全面摸清了英军的临战部署、调动、作战企图等重要情况，并适时在入侵挪威前制订和实施了调虎离山之计，从而对战前迷惑英军、隐蔽登陆企图、时间和地点，进而赢得整个作战行动的成功，起了关键的作用。

　　正如英国海军部"潜艇追踪室"副主任帕特里克·比斯利少校在1977年所写的一篇题为《英国海军部作战情报中心与大西洋战役》的论文中谈到的那样：

　　德国海军的8B机关早在战前就破译了一些有关英国海军行动和作战的密码。尽管当时德国人从未把所有的电报都译出来，

而且破译过程中延误时效也相当严重，但这已经使他们在挪威战争期间受益匪浅。

　　第二次世界大战前，德国所需要的铁矿石很大一部分来自瑞典，而且主要是通过挪威北部的纳尔维克港转口运输。

　　早在1939年9月19日，当时的英国海军大臣丘吉尔就迫使内阁接受了他提出的"在挪威领海布雷，阻止中立国挪威从纳尔维克港向德国运送瑞典铁矿石"的提案。

　　1940年3月，丘吉尔在内阁会议上首次提出了在挪威登陆的作战计划，然而这一计划却由于英国政府内部绥靖分子的阻挠而未能付诸实施。

　　与此同时，鉴于挪威重要的战略地位，1939年10月，德国海军总司令雷德尔海军上将在一份报告中向希特勒提出：英国海军一旦封锁和占领挪威，将给德国造成巨大的军事和经济压力。

　　1940年1月，希特勒明确指示德军总参谋部制订入侵挪威的计划。

　　2月16日，一艘从南大西洋向德国运送英国战俘的德国商船"阿尔特马克号"在挪威水域被英舰截获，加上英法宣布于4月8日之前在挪威沿海布雷阻止德国从纳尔维克港运输铁矿石的声明，最终导致了德军入侵挪威的军事行动。

　　实际上，早在入侵挪威前几个月，德国海军情报机构的密码破译部门，就从截获到的一份英国海军电报中得知了英国海军大臣丘吉尔制订的关于在挪威纳尔维克港布雷，进而占领该港，切断德国铁矿石运输的计划。

　　同时，德国海军情报机构还通过密码破译，获悉了英国海军在北海和挪威海的兵力部署及作战企图的情报。

　　从战后公布的德国海军情报局资料看，该局在1940年3月13日发出的一份电报反映出：这一天，密码破译部门破译了英国海军部命令其驱逐舰队归属本土舰队总司令指挥的密电。柏林方面注意到驱逐舰队力量的加强和集中，在斯卡帕弗洛的皇家海军舰队的行动是这一战区重要的敌对行动。

此外，无线电侦察单位再次成功地以破译密码的办法截获了英国潜艇新部署的详情。他们判断同以前观察到的北海潜艇分布情况相反，今天在斯卡格拉克有15艘英国潜艇整装待发……这或者是为了从侧翼保护己方计划在挪威发动大规模登陆行动，或者是已发现了德方的一些准备行动，害怕德国攻打挪威。

没过多久，德国海军情报机构又通过破译英国海军的密码电报，发现英国海军当时只是一般地判断德军可能在挪威登陆，而并未搞清德军具体的登陆地域和时间。

针对这一情况，德国海军司令部决定使用"调虎离山"之计，以便把英军的注意力从挪威方向引开。

挪威登陆作战开始前，德国海军大洋舰队首先派出一支佯动编队，驶往挪威北部的纳尔维克海区活动。当在北海和挪威海游弋的英国本土舰队驶向该海域寻德国海军编队决战时，德国主力舰队便顺利地通过斯卡格拉克海峡，掩护陆军部队在挪威南部的奥斯陆、卑尔根地区和中部的特隆姆地区登陆。

从挪威的军事地理环境看，在特隆姆登陆成功等于卡住了整个挪威的战略咽喉。在尔后

➤ 二战时的舰队

执行这一佯动计划中，尽管驶抵纳尔维克海域担任诱敌任务的德海军编队中的几艘驱逐舰被英舰击沉，但却保障了登陆作战顺利实施。

其实，德军在挪威南部和中部地区实施登陆作战前，英国海军情报机构并不是没有发现有关征候。

1940年4月7日，在德军登陆挪威的前两天，英国海军情报处从一份破译出的德国海军电报中，得知德军的一支舰队正由丹麦哥本哈根外海驶向挪威沿海。同时，这一情况很快得到了来自英国驻哥本哈根总领事馆的证实。

而这一重要情报却未引起皇家海军部的足够重视。两天之后，德国海军就在挪威沿海登陆了。

1940年上半年，德军以闪电般的速度，先后占领了挪威、丹麦、法国等国，六七月份制订了进攻英国的"海狮"作战计划，进一步出兵英国似乎已成定局。

对此，英国海军情报处当时除了设法及时准确地搞清德国海军的作战部署和进攻时

机、地点外，还千方百计地迷惑和欺骗德国海军，极力使其相信英军已经做了充分的抗登陆作战准备，进而动摇德军渡海进攻英国的决心。

例如对外广为散布"英国海军在英吉利海峡增设布雷区及商船，大量使用反鱼雷网"等假情报，并极力夸大反鱼雷网的作用。

面对德军"调虎离山"之计的成功，英军采用了"移花接木"之计，以牙还牙。

1940年9月，一名代号为"3725号"的德国间谍在英国伞降时被英军逮捕。不久，英国海军情报处按照"移花接木"的方式，利用他的代号为英军服务。

在尔后的战争期间，英国海军情报处经常以这个间谍的名义向德军情报局提供情报，干扰其作战决心；有时也发去一些无关紧要的真实情报，骗取德军的信任。

特别是当德军决心横渡英吉利海峡入侵英伦前夕，英国海军情报处几次以"3725号"间谍的名义，向德军情报局谎报英军在该海峡的布雷数量和区域。谎报的数字比实际数字往往多出几倍甚至几十倍，从而给德军造成了巨大的心理压力，对德军推迟直至取消入侵英国的计划起了很大作用。

有趣的是，在此期间，德国海军情报局不但始终确信这一冒牌"3725号"间谍提供的情报，而且为其电授一枚铁十字勋章，以示奖励。

制造情报敲定
"肉馅计划"细节

　　1943年1月12日，著名的卡萨布兰卡会议秘密召开。会议决定了1943年的战争指导方针：1943年以打败纳粹德国为目标，待1943年秋末开始的北非战役结束后，首先攻占西西里岛。

　　为达到战役上的突然袭击效果，采取必要的隐蔽手段——"肉馅计划"。

　　1943年3月至4月，轴心国军队在北非的败局已定。

　　当北非战役结束后，盟军在欧洲的下一个目标将是西西里岛，这对于德军来讲似乎已经昭然若揭了。

　　正如英军统帅丘吉尔所说："除了傻瓜，谁都会明白下一步是西西里。"

　　西西里岛是地中海的最大岛屿，由于它地处要塞，战略地位十分重要。德国和意大利对该岛实行了重兵防卫，在这个面积仅有25000多平方千米的岛屿上，部署了13个主战师和1400多架飞机，总兵力达36万人。面对德意庞大的守军，盟军只靠武力进攻西西里岛，肯定会付出巨大的代价。

　　用什么办法才能欺骗希特勒呢？经过研究，盟军统帅部认为，只有一个办法可行：那就是利用希特勒很可能作出的一个判断，即西西里是一个过于明显的目标，因而盟军打算在南欧沿海其他地区大规模登陆。如果是这样的话，盟军的下一步企图将会选择两个地方登陆：一个是希腊，以便向巴尔干推进；另一个是撒丁岛，以作为进攻法国南部的跳板。

　　于是，第二次世界大战中一次重大的战略欺骗，一个以假乱真的"肉馅"行动开始了。

　　卡萨布兰卡会议后半个月，在伦敦皇家海军情报处，年轻的空军中尉乔

治正在受领任务。

　　"要使战役取得成功，务使敌方不能察觉我方意图。"马西尔中校看了看手中的密电，继续说，"当然，敌人也会拼命派出间谍进行刺探，保守机密并非易事，所以……"

　　"以虚掩实，以假乱真？"乔治顺口接上话。

　　马西尔中校神秘地笑了笑："将计就计！年轻人，你很有头脑。来，我们看看地图。"

　　乔治随马西尔中校到了隔壁房间的大幅地图前。

　　"下一个攻占目标是西西里岛。原因有三：一是确保地中海的制海权；

❂ 战略位置重要的西西里岛

二是间接支援苏德战场的红军；三是对意大利施加压力。这次战役的代号为'爱斯基摩行动'。"

马西尔中校带着一种军人的神圣感说完了这番话。他眉头一皱，又说："目前的几个方案都不甚理想。有一个空投公文包的计划，可太明显，且空投地点未定。"

乔治点燃了两支雪茄，递给中校一支，久久凝视着地图上那片蓝色的部分。"空投，空投……"他自言自语。

突然，他眼睛一亮，说："中校，能否用尸体？对，尸体！用一具尸体扮成一个参谋军官，携带绝密文件，在去往非洲英军司令部进行联系的途中，因飞机失事坠入大海，军官的尸体落入敌手。"由于激动，乔治忘了自己是下级，眉飞色舞。

马西尔中校沉思片刻，丢掉雪茄说："很有意思，我看这个方案要重点考虑，要把参谋军官的身份伪装得真实些，如有任何一丝纰漏，这个计划将前功尽弃。"

马西尔中校拍了拍乔治的肩："乔治，我的眼力没错。待方案批准后，这个任务正式交给你完成。"

方案很快批了下来。连续几天，马西尔和乔治在隔音室里想着计划实施的每一个细节，只怕有一丝疏漏。

"乔治，设想你自己是德军谍报人员，当你听到打捞上来一具尸体，且带有重要文件，你首先的反应是什么？尔后又是什么？"

乔治想了想说："首先我是惊喜，尔后我就开始怀疑，是否会上圈套？尔后就会开始调查，调查死者身份，亲属关系；对尸体进行解剖，看死的时间、死因；情报准确度；敌军是否会改变已泄露的计划……"

"好，先别说得太多，一件事一件事地落实。"中校打断了乔治的话，"看来，我们确实需要做好充分的思想准备和物证准备。"

寻找尸体的工作在秘密进行着。乔治拿着墨绿底印红字的特别证件，出入各种场所，亲自寻找尸体。德军空袭伦敦，每天都有数百名市民死亡，可

是被炸死的人和飞行事故溺死的人压根儿就不一样，况且一旦出现军方寻找尸体的传闻，整个计划不露自泄。

乔治装成病人亲属在事先打听好的因患肺病刚死去的病人旁痛哭。这位30多岁的男子，相貌堂堂，高大英俊，只是由于肺病的折磨略显清瘦。据红十字会医院的人讲，他很忧郁，母亲在空袭中命归黄泉，他曾当过兵，后肺病复发，只好退役，他从骨子里恨希特勒，只恨手无缚鸡之力。

"表哥，你去得太早，在上帝面前，你会原谅我的，我们都在为反法西斯而战。"乔治在尸体旁痛哭。医护人员同情地看着乔治，帮他把尸体抬上板车，乔治在雾蒙蒙的黄昏，穿着一身肮脏的工装，推着板车拐进了一个小胡同，消失在夜幕中。

尸体来源问题解决了，尸体的伪装又成了问题。乔治到了内政部，找到尚在实验室的病理学家罗伯纳·卡里尔教授，悲痛地说："我女友露西的哥哥从法国来找她，没想到船被德军击沉了，好多天过去了，没有他的消息，可能是死了。"

"别难过，年轻人，战争是残酷的。"教授安慰乔治。

"教授，您想想，如果他活着掉进海里，经过几天的漂流后，冲上海滩是什么样子？"乔治焦急地问。

"如果他幸运不喂鱼，他会不自觉地溺毙，或是穿着救生衣冷至昏厥而被冻死。不过，不管怎样，尸体外表不会有钝器伤，且肺内应有积水。"

乔治告别了教授，"积水"两个字一直缠绕着他。他又一次伪装到红十字会医院查了"尸体"的病历：肺部有少量积水。"终于符合要求了。"乔治感叹道。

马西尔中校和乔治再次研究了谁有可能解剖尸体。"医生可能是西班牙人，因为尸体按计划要漂到西班牙的毕尔巴鄂港附近。"乔治继续说，"佛朗哥统治下的西班牙，对轴心国采取了友好态度，那里有德国能干的谍报机构，耳目众多，消息灵通。一旦发现那具尸体，就会把尸体身上的密件交给德国谍报机构。而解剖尸体的医生可能性最大的是在德国谍报机构监控下的

西班牙医生，他们解剖比德国医生解剖对我有利。"

马西尔中校点了点了头，立即起草了一份"死尸诈骗"报告，签名后，立即送到军事情报总局五局。皮赫特局长看过后，批了几个字："计划可行。速密送唐宁街10号。"

正式计划批下来了，定名为"肉馅计划"。

"肉馅计划"的实施要领是：

1.尸体约35岁，身高1.85米，体重178磅，无外伤，肺部有少量积水，着陆战队少校野战军服，无帽，外着橘黄色救生衣。

2.计算好潮汐，用潜艇把尸体运到毕尔巴鄂港，抛弃尸体。

3.把装有密件的文件袋系在尸体的内腰带上，造成飞机失事保护文件的假象。

4.把尸体装入特别容器内，里面塞满冰块。重量400磅。容器外面用油漆漆上"光学机械"字样，通知潜艇乘务员要试验新式武器。

5.预先知道本计划的人，只限于直布罗陀军港的谍报处长和潜艇艇长。

6.计划实施后，回电："'肉馅计划'实施完毕。"

在实施"肉馅计划"过程中，最棘手的是密件的形式和内容。形式不当，内容不巧妙，敌人不会轻信，但两者都做得太过分，又容易让敌人认出是圈套。怎么办？

经过反复论证，英国谍报机构决定由英军总参谋部的实权人物皮尔德·奈副总参谋长给英国驻北非突尼斯的远征军司令部华德·亚历山大将军写一封亲笔信。如此，德军统帅部会把这封信作为极为珍贵的材料而加以重视。密件内容的伪造似乎更要小心谨慎。信的内容表面上是写别的事，但却遮遮掩掩地透露点情报。怎样才能装得逼真呢？经过多次考虑后决定让亚历

山大将军指挥的突尼斯军队西进，攻击撒丁岛；让亨利·威尔逊指挥的埃及部队东进，从希腊长驱直入，强攻巴尔干半岛。

事实上，当时盟军缺乏登陆艇，绝不可能多线作战，德军怎么也想不到这一点，盟军这就钻了德军的空子。

马西尔中校把密件的样稿起草后，立即呈报最高当局，总参谋部担心计划易被德军识破，但仍上报了首相丘吉尔，并提出了计划操作的可行性及目的性。

丘吉尔对这个计划很感兴趣，说："即使计划失败也无关大局嘛！"
一句话减轻了下属们的压力。

奈副总参谋长当即按计划给亚历山大将军写了亲笔信。信封上注明"私人信件，绝密"，接着是亲昵的称呼："亲爱的亚历山大将军"，看起来确实是一封笔调轻松的私人信件。信中随意通报了由于敌军大力加强希腊方面的兵力，眼下我方正在增援威尔逊的部队的情况。

他写道：

"大象（威尔逊的绰号）一直想以西西里岛作为'爱斯基摩行动'的烟幕，但西西里岛已决定用作'硫黄行动'的烟幕。你注意在'硫黄行动'开始后进攻撒丁，令空军猛烈轰击西西里岛，故作假象，使敌军认为我方当真要在西西里岛登陆。这样，西西里岛用作'硫黄行动'的烟幕，敌军更易上当。"

"爱斯基摩行动"本是盟军攻占西西里岛战役的代号，可信中故意张冠李戴。信中虽提及"硫黄行动"等实实在在的作战计划，但那是让德国方面感到盟军要预先进攻希腊和撒丁，为蒙蔽德军的耳目才施放的烟幕，玩弄的花招，装作目标在西西里岛的样子。

目的之一，就是要使德军相信盟军的真正作战目标不是在西西里岛，西西里岛是属于战役的内容，只不过是个"烟幕"而已。

假戏真做
情报军官横空出世

尸体到底装扮成谁呢？

英国谍报局局长卡尔少将、马西尔中校和乔治中尉组成的特别小组又开始挖空心思地设计这个特殊人物。

"把这'诱饵'装扮成陆军吧！"乔治想到这样做比较合适，加之他也曾执行这类任务。

"不！"马西尔看来早已想过这个问题，"尸体一旦被西班牙政府引渡给英国领事，领事自然要报告给英国外交部，而外交部移交给陆军当局时，会给陆军部带来很多麻烦，且陆军各方面情况复杂，搞不好会露了马脚。"

"海军呢？"乔治扬眉问道。

"海军更不合理，让一个海军军官带着这样重要的信件从飞机上摔下来，似乎有些风马牛不相及。何况军服很麻烦，因为再没有比英国海军军官那么繁琐的了，加之战乱期间穿正规礼服不合理，穿简单了又容易露马脚。"

马西尔看了一眼站在窗前的卡尔少将，继续说道："我建议将此人扮成陆战队军官，一则陆战队人少，即使官方有什么异议，也无关紧要，不像陆军那么显眼；二则陆战队服装简单，穿一身普通野战服，不易引起疑义；三则陆战队军官执行特殊任务的较多，顺其自然。"

"好，就这样定了。"卡尔少将不等马西尔的话讲完就拍板敲定了。

看来他对这个问题已经思考成熟。"下一步的任务有几项：一是搞张穿军服的照片，这很关键，德军对军官证查得很仔细，包括证件的纸张都得一

样；二是选个大众化的名字，这样可给德军造成调查上的困难；三是尽可能齐全地准备私人物品。准备完毕后向我报告。"

"是！"马西尔和乔治立正行了个军礼。

从局长办公室出来后，他们直奔档案处，调查了陆战队花名册里少校一项，同姓最多的是马丁，于是决定叫威廉·马丁，因为威廉这个名字到处可见。有了名字，又编了住址和出身年月等细节。

乔治中尉立即去了冷冻室，拍了"马丁少校"的照片，拿着这张照片跑遍了伦敦附近的部队，寻找"马丁少校"的影子。由于"马丁少校"是浅黄色头发，乔治尽量寻找浅黄色头发的小伙子，因为即使是黑白照片，德军的分析技术在世界上也是一流的。

在35个候选人中，乔治相中了一位空军机械师，头发、额头、隆鼻、嘴唇都很相似，只是略微瘦了一些。乔治有些拿不定主意。

"我看可以。"马西尔说，"马丁少校在海水中泡了以后要变形，加之照片有可能是年轻时照的，这点误差允许存在。"乔治终于松了一口气。

考虑到军官证不能是崭新的，因而假装由于"马丁少校"的疏忽而遗失，是最近补发的。这样，即使在纸张分析上比较新一点也不致引起怀疑。补发日期是1943年2月2日。

"肉馅计划"预定在4月下旬实施，所以乔治把军官证装在身上

到处走，一有时间就在裤子上磨蹭。

有一次，在女朋友丽姆处，被丽姆发现，"威廉·马丁？"丽姆扬起她漂亮的脸庞问。

"哦，他是我过去的一个朋友！"乔治搪塞道。

半个月后，军官证终于被蹭得光溜溜的。

马西尔少校总有一种感觉，"马丁少校"专程去送这封"笔调轻松"的私人信件，仿佛有种故作姿态、引鱼上钩的感觉。经过一夜的冥思苦想，终于又想出一计。

第二天，他把乔治叫到办公室。

二战时期的英国军人 ▼

"乔治，"马西尔命令道，"你马上去调北非舰队司令官坎特安海军上将的资料。"

"是。"乔治转身走了。

装成是登陆艇的权威人士，携带一封作战部长蒙哈特将军给坎特安将军的信，信中建议重用"马丁少校"，由于少校身上带着奈副总参谋长给亚历山大的绝密亲笔信，因而要求火速把少校送到亚历山大司令部。

这样，"马丁少校"随身携带一封密信和一封附信，就俨然像一个信使了。

马西尔将此事报告了卡尔将军，卡尔立即找到蒙特哈将军，请求合作。

蒙哈特将军听完后很高兴："老朋友，这个计划如果成功，我们的西西里岛登陆就成功了一半。"他在地图上西西里岛的位置做了个手势，仿佛西西里岛已被盟军占领。

"哦，对了，我负责的《奇袭作战》一书准备在美国出版，我早有打算请总司令艾森豪威尔写篇序言，这次我还可以给他写封信，连同书的清样装在一起，请那位'少校'带走，这样岂不更能以假乱真？"

蒙哈特在信中介绍说："马丁是一位登陆艇专家，他起初总是沉默腼腆，但他确实有两下子。他在迪埃普对事态的可能趋势比我们当中一些人预料得更为准确，而且对在苏格兰搞的新式大船和设备试验时，他也一直表现很好。恳请一旦攻击结束，就立即把他还给我。"

然后，蒙哈特又稍微暗示了一下那个假目标撒丁岛，在信尾写道："他可以带些沙丁鱼来……"蒙哈特说："沙丁鱼在英国是配给的。"

总之，这是一个巧妙的骗局，每条线索都恰到好处。

卡尔将军接纳了作战部长的意见，3封信连同书的清样装进了文件袋。

文件袋的问题解决了，但仅凭这些，怎么看"马丁少校"也不像一个实际存在的人物，好像还缺少人情味儿。马西尔和乔治从各个角度进行反复研究，意见取得一致后，乔治找来了夜总会的请帖和银行的警告通知单。

警告通知单就是存户开的支票超过了存款额，如不及时补上缺额，就要

公布于众，为此，银行事先要发出警告。"马丁少校"的超过额是79英镑19先令2便士，警告日期是4月14日。乔治特别注意了这个日期，决不能有丝毫的马虎。

让"马丁少校"出入夜总会，银行给他发来警告单，是因为敌人看到那几封信后，会感到他是一个十全十美的模范青年军官，太过于造作，不像个现实生活中的人。

即使如此，马西尔仍感到"马丁少校"缺少人情味："乔治，给'马丁少校'找位情人吧？"

"情人？"乔治带着吃惊的表情，尔后大笑起来，"太妙了，马丁老兄很有艳福，可是，哪位姑娘愿意做亡灵的情人呢？"

"这就要看你的了，这人必须真实，又必须严守秘密，还要有应付德军调查的灵活能力，决不能找一般的姑娘。"

乔治明白了马西尔中校的意思。

"我明白了，我会做好丽姆的工作，并安排好一切。"

两人对视一笑，乔治笑得有些不自然。

第二天，乔治向马西尔中校递交了"亡灵情人方案"，并附丽姆的两张照片。这两张照片，乔治装在上衣口袋里很久了，经常看，正适合"马丁少校"的"私人物品"。乔治虽然不情愿，但实在没有别的办法了，只好忍痛割爱。

方案是这样设计的："马丁少校"在一个偶然的机会认识了漂亮的芭蕾舞演员丽姆，一见钟情，这种情况在战时非常常见。两人相恋后，"马丁少校"就向她求婚，两人刚订了婚，"马丁少校"就不得不作为密使而匆忙外出。

情意绵绵，依依惜别。丽姆给"马丁少校"写了几封情书，有的是在周末的宿舍里写的，有的是在刚下舞台的化妆间写的。日期是4月18日至20日。

乔治理解"马丁少校"的心情，把丽姆给他的信叫丽姆再抄一遍，以"马丁少校"称呼，以防德军调查笔迹。丽姆终于明白了"马丁少校"的真

实含义，她勇敢地答应承担这项危险的任务。

乔治把几封情书反复打开，又折叠起来，用手把信纸自然揉皱了，很随意地表露了"马丁少校"相恋的心情。

马西尔中校还伪造了两个假证，一是一张付款通知单，这是"马丁少校"为丽姆订购结婚戒指未付款的通知单。珠宝店选在战前就以德国大使馆为顾客的邦德街的阿斯普雷珠宝店，便于德军调查；二是假造了"马丁"父亲给他的来信，这是为了避免发生遗产争执的继承权问题。由于"马丁少校"的地址变了，信几经转投才收到。

衬衣、裤子直至手套都收集些半新不旧的，然后再洗干净，好像本人常用的东西，真可谓用心良苦。一个意外的麻烦是，"马丁少校"的衣服不好穿，尸体是冷冻的，手脚僵硬，只好解冻，选了套稍大一点的陆战队服，总算掩饰过去了。

一个活生生的"马丁少校"诞生了。

清点一下他身边的携带物品，种类繁多。其中有：文件袋、钱包、手表、十字架挂物、军官证、军人阵亡时识别姓名、所在部队的卡片、丽姆的信及装在钱包里的照片、夜总会的请帖、银行的警告单、军官俱乐部的收据、订婚戒指的付款通知单、父亲的信及信封上端拆信时撕下来的一角、一张5镑的纸币、3张1镑的纸币、4枚铜板、两张公共汽车票、一串钥匙、半截铅笔、一盒火柴、半包香烟、"威尔士亲王剧院"两张用过的戏票等。

信以为真
西西里岛一败涂地

一切准备就绪。首相府批准了"肉馅计划"的实施时间。

1943年4月19日晨，格里纳克军港被大雾笼罩着，汽车不停地响着喇叭，黄红色的路灯时明时暗，一种神秘的气氛充溢着格里纳克军港。

5时10分，运载尸体的"塞拉夫号"潜艇从格里纳克港驶出。"塞拉夫号"潜艇在北非登陆作战时，曾执行过秘密运送克拉克将军的任务。艇长杰克逊少校有执行情报任务的经验，马西尔很看重他。

潜航10天，"塞拉夫号"抵达预定海域。艇长在靠近毕尔巴鄂港口一海里的地方观察情况。

"猎鹰，猎鹰，我是海豹，我是海豹，听到后请回答。"

电波越过黑暗的海洋上空，抵达伦敦。

"我是猎鹰，我是猎鹰！请讲——"马西尔中校表情严肃，译电员紧张地操作着。

"海豹报告，我们已抵'珊瑚岛'，距'珊瑚花'一海里，可否采摘？请回答！"

马西尔看了一下手表，4时15分。"行动开始，4时30分完毕！"

艇长命令一下，装着"马丁少校"的容器便被4位军官从浮槽中搬了上来，放在甲板上。艇长对4位军官严肃地说："今晚大家看到的，明天必须忘掉，这事关乎英国的胜利，谁走漏了风声，军纪严惩。"

潜艇上的50余名水兵均被反锁在舱里，4位军官知道事情的严重性，因为这是潜艇上发生的第一件不相信自己人的事件。

那个银白色的容器被打开了，令军官们吃惊的是，容器里既不是光学仪器，也不是什么新式武器，而是一具尸体！军官们掀开毛毯，看到一具身着军装的尸体。

4时30分，在艇长的低声命令下，尸体滑向大海。"马丁少校"出征了，军服的内腰带上紧紧地系着文件袋。"爱斯基摩行动"能否成功，关键要看这个文件袋了。当即，伦敦收到信号："'肉馅计划'实施完毕。"

3天后，一位在西班牙南部的韦尔瓦河口加的斯湾附近出海的渔民，发现海面上浮着一具尸体，他把尸体拉上小船，连同橡皮舟一起拖到韦尔瓦古老

希特勒（左）和墨索里尼（右）蜡像

的摩尔斯渔镇的乌姆布利亚沙滩。数百名渔民和他们的孩子围着这具尸体，看着西班牙军警对尸体进行检查、拍照。

尸体很快被送到西班牙的华尔斯医院进行解剖。解剖结果：尸体系活着坠海溺死，肺部有少量海水，估计尸体在海上漂流了三五天。

西班牙海军办事处查明尸体身份后，便将此事通知了英国驻韦尔瓦的领事。但由于西班牙当局与纳粹德国的关系很密切，他们在通知英国人的同时，也通报了德国在西班牙的间谍，行动迅速的德国间谍立即抢先一步，在英国领事认领尸体之前，已经将"马丁少校"身上的所有文件全部偷拍下来。

不久，文件的影印件就被送到德国总部柏林鉴定去了。柏林当局接到驻西班牙谍报局的报告后，一面立即着手进行鉴定，一面指示其谍报局代表提

供更加详尽的细节。

5天后，伦敦收到了驻马德里的英国大使馆海军武官的第一个报告："毕尔巴鄂港的英国副领事从西班牙宪兵那里认领了漂流在海上的陆战队少校马丁的尸体，尸体已被埋葬了。"文件袋的事，一句也未提及。伦敦立即对马德里大使馆发出训令："马丁少校随身携带的私人物品，务必照会西班牙当局查明其下落，但应注意不要让西班牙当局了解到文件的重要性。"

大使馆很快回电："西班牙政府全部完好地移交了马丁少校的文件袋及其他遗物。"

文件袋一到伦敦，英国谍报局便用新的科学方法进行检验，终于从夹在纸上的夹子是干的这个疑点，发现文件已被德国人用盐水软化纸张的技术拆开拍照复制了。马西尔中校立即给卡尔少将写了份"'肉馅计划'实施完毕"的报告。这份报告很快被送到了唐宁街10号的首相府。

同时，英国海军公证司把"马丁少校"的名字登在阵亡将士登记册上。

5月28日，《泰晤士报》公布了一批包括"马丁少校"在内的阵亡将士名单，并发了讣告。经过英国驻西班牙使馆的多方交涉，"马丁少校"的尸体按照正式军礼在韦尔瓦安葬。

他的"未婚妻"特地送来一个花圈并附了一张"悲痛欲绝"的悼念明信片。英国驻韦尔瓦的副领事还为"马丁"立了一块简朴的白色大理石墓碑，碑文是：

威廉·马丁，1907年3月29日生于威尔士的加的夫。为国捐躯，无上光荣，愿君安息。

正如英国谍报机构所预料的，德国间谍在西班牙的活动极为活跃。毕尔巴鄂港的德国谍报人员意外地得到了"马丁少校"的书信，他们如获至宝。因为英军奈副总参谋长致北非英军司令官的绝密亲笔信，可不是那么容易得到的。

德国方面认真研究了密件和"马丁少校"携带的物品，向希特勒提交了一份报告："虽然文件的可靠性无可置疑，但尚须进一步调查有关细节。"

希特勒认真阅读了报告，批示：事关战局，慎重调查马丁。

5月12日，一位中年人敲开了英国皇家剧院经理的办公室："对不起，经理，打扰了，我是希利少校，总参谋部的参谋，我们有位军官在4月18日晚17时失踪，我想查查贵院的演出时间和剧目。据说他和他的女朋友当时在剧院。"

经理有些不高兴："战乱时期失踪个把人是正常的，我院最近未发生过绑架事件，请你说话注意，不要影响我院的声誉。"但经理还是去查了演出记录表。

"4月18日，嗯，演出《哈姆雷特》，时间是19时整。"经理边看边说。

"谢谢！打扰了！""希利少校"退出门后想：与丽姆信上的《哈姆雷特》及戏票上的时间是一致的。他万万没想到，乔治中尉与丽姆一同去看的戏，绝对是真的，只是乔治中尉刚到剧院，便被马西尔召回执行公务去了。

"希利少校"沿着泰晤士河走了一站，抬头望了望眼前的这个10层高的建筑物"开伦"银行。他走进银行，乘电梯上到8楼，推开了行长菲利普的办公室门。

"你好，我是刚从北非回来的希利少校。"

"有事吗？"菲利普行长没抬头。

"我是马丁少校的同事。听说他在贵行欠款久拖不还，我想请您查一下欠多少，上司命我来还。因为他已牺牲了。"

"马丁少校？"菲利普行长用不易察觉的目光看了一眼希利，"可怜的人啊！愿上帝保佑他！好，我查一下。"

行长假意翻出个红皮大本："嗯，一共是79英镑19先令2便士。不过，他已为国捐躯了，这点钱就算了。"

"那就非常感谢了！""希利少校"走出了办公室。

"看来确有其事。""希利少校"暗自想，"让我再去见见那个丽姆姑娘。"

他拿出在芭蕾舞剧团打听到的地址，走进了一座浅黄色公寓，上了三楼，敲响了312房间的门。

"谁？"一个姑娘的声音。

又敲了几下，门开了，一个漂亮的姑娘出来了。

"请问你是丽姆姑娘吧？"

"不，我是玛丽，丽姆同宿舍的，请进吧，她去买点心了。"

"我是马丁少校的同事希利少校。"他注视着她。

"马丁少校？"

"丽姆的男友啊？"希利解释道。

"丽姆的男友是乔治啊！"

"希利少校"心中咯噔一下。为慎重起见，他想再证实清楚。

"你认识丽姆多长时间了？"

"上周搬来的，才认识。"

"丽姆，你可回来了，这是希利少校，说是什么马丁的朋友，马丁是你原来的男友吗？"

丽姆先是一怔，接着点点头，拿出手帕擦起泪来，还真流下了泪。"没想到他真狠心，丢下我不管了。"

"丽姆姑娘，别难过，对他的牺牲，我们都很难过。你现在不是有男朋友了吗？""希利少校"单刀直入地问道。

他怎么会知道？丽姆看了一眼玛丽，明白了。"刚认识的，只是想从马丁的突然离去中挣脱出来，我对不起马丁。"说着又痛哭起来。

"马丁的母亲给他来信，谈到了你们结婚的事。"

"不，是他父亲来的信。"

"哦，对，我记错了，你自己要多多保重。我住在米大街37号，有事找我，再见！"

"希利少校"说完后匆匆离去，回到他的公寓给德国局发报："马丁事件"基本属实，如晚上18时收不到回电，即我已被抓，"马丁事件"就是假的。

丽姆赶紧给乔治去了电话，讲了"希利少校"的住址。

乔治找到马西尔，建议用意外事故的方法，把"希利少校"抓起来，破坏他们的调查计划。

"不。从目前情况看，进展顺利，我们可以利用他，将计就计。"

姜还是老的辣。

18时到了，没有任何动静。"希利少校"发报："马丁是真的。"

德军确信盟军将同时进攻希腊和撒丁，于是，开始调整部署，不失时机地采取对策，这是德军战役方向的重大转移。德军指挥部在2月份时就已确定了盟军的下一个攻占目标是西西里岛，4月底，即在密件得到之前，仍基于这种设想，一心从事防御准备工作。

得到"情报"的希特勒一阵狂喜。根据这一"情报"以及德军情报部门对此作出的判断，希特勒在5月12日的一份命令中明确指出：

在即将结束的突尼斯战斗之后，可以预料，英美联军将试图继续在地中海迅速行动，准备工作已经就绪，最危险的地区有下列各地：在西地中海有撒丁岛、科西嘉和西西里；在东地中海有伯罗奔尼撒和多德卡尼斯群岛。

对此，我要求一切与地中海防御有关的德军指挥机构迅速密切合作，利用一切兵力和装备，在所余不多的时间内，尽可能地加强这些危险地区的防务。其中，首先应加强撒丁岛和伯罗奔尼撒的防务。

5月14日，希特勒在他的盖希丽尔别墅会见了墨索里尼，向他透露了马丁密件的内容，并且洋洋自得地说："我想这的确是真的！在我们举棋不定

时，这个情报太重要了。"

墨索里尼说："我总有一种预感，觉得盟军还是要进攻西西里岛。"

希特勒加重语气说："直觉总没有情报重要，我们得到了可靠的情报！情报！"

第二天，希特勒召开了最高统帅部作战会议，他命令："所有与地中海防御有关的德军指挥部迅速密切协同，集中全部兵力和火器，在6月30日完成对撒丁岛和伯罗奔尼撒的集结和部署。"

奉希特勒的命令，隆美尔元帅被派往希腊，组织一个集团军群，会同随后从法国南部调来的第一装甲师，在希腊东部的爱琴海域设下3道防线。

希特勒又从苏德战场抽出两个装甲师，命9天内抵达希腊。同时，他又把党卫旅派往撒丁岛，从西西里岛抽出装甲部队加强科西嘉岛的防卫。而在盟军要登陆的真正地点——西西里岛，其防御力量却较弱。

当陆军元帅隆美尔把他的大本营搬到希腊时，盟军集中主力于1943年7月9日夜在西西里岛登陆了。这对于德军来说是绝对意外的，以假乱真的"肉馅计划"帮助盟军成功地攻占了这个具有战略意义的岛屿。此战，德意军队伤亡及被俘22.7万余人，而英美军队仅伤亡21000余人。

西西里登陆是第二次世界大战盟军的一个战略转折点，它敲开了法西斯的死亡之门，在这一事件上"肉馅"扮演了至关重要的角色。

谍海幽灵

第 二 次 世 界 大 战 主 要 间 谍

无声战场的较量

　　1943年，正值20岁芳龄的美国姑娘艾林·格里菲斯大学毕业。本来，格里菲斯完全可以在纽约找到一份十分理想的工作，但她的心中燃烧着一股爱国的火焰，她想为反法西斯战争贡献自己一份微薄的力量。于是，她成为了美国战略情报局的一名谍报人员，被派驻国外，走上了一条波谲云诡、险象环生的传奇之路。

妙龄美女
邂逅情报局官员

　　1944年夏季，盟军继在诺曼底成功登陆后，于8月又在法国南部圣特罗佩登陆。在战役过程中，美国特拉斯科特将军的第六军率先登陆，法国拉特尔·德塔西尼将军的军团尾随其后，由亚历山大·帕奇将军率领的美国第七集团军担任后卫。尽管德军做了些抵抗，但这次登陆打得他们措手不及，因此战斗伤亡不像一个半月前在诺曼底登陆时那样大。

　　这次登陆行动的代号叫"铁砧行动"。

　　"铁砧行动"取得了圆满的成功。然而围绕这次登陆战在幕后还发生了许多鲜为人知的惊心动魄的故事。

❶ 盟军登陆诺曼底后向纵深发展

　　1943年，艾林·格里菲斯大学毕业时，正值20岁芳龄。她的容貌十分俊美，可谓如花似玉。本来，格里菲斯完全可以在纽约找到一份十分理想的工作，以她的容貌当名模、进公司当职员或成为政府公务员都是不成问题的。然而此时第二次世界大战正如火如荼，美国人民

为争取战争的胜利投入了巨大的热情。格里菲斯的心中也燃烧着一股爱国的火焰，她像许多有理想的姑娘一样，想为反法西斯战争贡献力量。

1943年9月的一天，格里菲斯和女友艾米·波特参加一个家庭宴会，一个自称约翰·德比的人微笑着凑向格里菲斯。

"漂亮的小姐，你准备当一名有名气的模特吗？"德比似乎有些讨好地问。

"不！我可没这种奢望。"格里菲斯小姐很坚决地回答。

"是吗？为什么？"德比有些诧异。

"我想投身到战争中去，到国外去。最好现在就参加战斗，到真枪实弹、硝烟弥漫的战场上去。"格里菲斯冷冷地说。

约翰·德比以一种好奇的目光打量着格里菲斯，说道："你打算怎样来实现你的理想呢？像你这样漂亮迷人的姑娘，生活在纽约既舒适又安全，为什么要卷入这场血腥的大屠杀呢？你有男朋友吗？"

"这与我的理想有何相干？"格里菲斯想，看来无聊的晚上就要开始了。

"嗯……这好像有点关系吧！"

"不，先生。事实上，我没有男朋友。即使有，我认为也没有什么关系。"

德比轻微地点着头，一声不吭地打量着格里菲斯，接着问道："你懂外语吗？"

"在大学里我主修法语，选修西班牙语。"

"噢，"德比意味深长地许诺，"好吧，漂亮的小姐，如果你真愿意到国外工作，也许我可以助你一臂之力。"

格里菲斯也好奇地打量了一下德比。她的眼睛似乎在问：你是什么人？可以告诉我吗？

德比依然微笑着自我介绍。格里菲斯这才知道德比在美国战略情报局供职，所以才说可以帮助她到国外去。格里菲斯非常感谢德比先生能帮助她实

现梦想。德比在临分别时对格里菲斯说："如果有一位叫汤姆森先生的人与你联系，你就会知道是怎么回事了。"

一周后，果然汤姆森先生与格里菲斯联系，并见了面。

汤姆森说："我代表陆军部里的一个部门与你联系，可以为你安排一些有意思的工作。你能在10天之内到华盛顿来一趟吗？如果事情进展顺利的话，也许你就永远不用回来了。"

"太好了！我时刻准备着。"格里菲斯沉浸在兴奋的遐想之中。

汤姆森说："告诉你家里，陆军部要给你安排一个工作，需要找你谈话。你来的时候带上一只手提箱，装上几件适合在乡下穿的衣服。记住，衣服所有的标记要统统去掉。要做到无法使人辨认出你的身份。这很重要，知道吗？"

格里菲斯严肃地点点头，心中升起一种神秘的感觉来。汤姆森接着说："你中午抵达华盛顿后，就直接去9号大楼，这是地址。祝你一切顺利。"

格里菲斯照汤姆森的吩咐如期来到华盛顿大楼，她没有想到，接待她的正是一个月前在朋友的家宴上结识的约翰·德比先生。这次会面，德比先生没有像上次那样过多地寒暄，而是直接就进入了主题。

"虎子。你以后就叫这个名字。只要你在这儿，人家就只知道你这个名字，知道吗？你还有一个代号：527。"

德比直截了当地说道："我们需要一个特殊的姑娘去完成一项特殊的任务。我见过并调查过许多候选人，都是些大家极力推荐的人。但我认为，你最有可能通过必要的初试。我选你来，因为你年龄合适，学历优良，懂几门外语，长相标致，而且，你有必要时愿意做出牺牲的准备。当然，我们也对你进行了调查，一直查到你的祖辈，都没有问题。现在，就看你是否能经受住一些特殊的训练了。也许我过高地估计了你成功的可能性，但我希望不是这样。"

进入谍校
遭遇魔鬼训练

就这样，格里菲斯跨入了美国谍报机构的大门。可是要成为一名真正的间谍，还有很长的路要走，首先必须通过的是严酷的训练大关。

根据德比的安排，格里菲斯来到新谍员训练队，开始接受特工人员的专门训练。格里菲斯受到训练队负责人威士忌的欢迎。威士忌是西点军校毕业生，在圣西尔的法国军事学院干过一年。

他后来到英国受训，在那里成了白刃战的教官，专门训练派往敌后的加拿大和英国特工人员。

一同来训练的，还有一个名叫皮埃尔的男子。格里菲斯被他深深地吸引住了——这是她所见过的最有吸引力的男人，但她还是尽力按捺住怦怦跳动的心，表现出不动声色的样子。

皮埃尔皮肤黝黑，像是一个经常在户外锻炼的运动员，身材虽然不十分高大，但却非常匀称，充满活力。

晚上19时，威士忌召集新来的队员开会。他首先介绍道："这里是美国的第一所谍报学校。在这里，你们将被培养成为特工人员。"

说到这里，他顿了顿，然后拖着长腔儿，表情严肃地说，"如果你们能通过这里的训练，就将成为新近成立的战略情报局的雇员。"

威士忌语气缓和下来继续说道："我不得不有言在先，你们中间有些人甚至连两星期都坚持不了。有极少数人，记忆力不够强，反应过于迟钝，或者吃不了苦，就会被淘汰。你们将经过一些相当艰苦的训练，不管你们是否喜欢，你们必须服从每一道命令。"

听完威士忌的训话，格里菲斯感觉一阵头昏眼花，能否经受住训练队的考验，她现在还是个未知数。

第二天上午8时整，训练队正式开课。威士忌首先把一个叫"上尉"的教官介绍给新队员。上尉没有做任何开场白就开始讲课，主要就是保密的问题。

上尉说："你们要牢记的第一件事是，我们这里是一个秘密情报机构，而不是公开的新闻社。我们向军方提供的情报都是绝密材料。知道这是什么意思吗？"

说到这儿，他故意停了下来，然后在新队员们的脸上逐个扫视一圈，继续说道："意思就是，你打听到这种机密就有可能被枪毙。换句话说，一只耳朵甚至不能告诉另一只耳朵。现在，我们和德军情报局以及苏联国家安全委员会一样，都重视保守自己的秘密。在没有得到允许的情况下，如果把这里听到的任何情况告诉他，那么不管你是谁，头衔有多大，都将以叛国罪判刑。"

接着，上尉分析了当时的战场形势和谍报工作的有关问题，尔后开始训练课。

首先进行的是心理素质的训练，由一个年轻人放电影，电影全是战争的恐怖场面。特别是一些不同情报机构工作人员被害的惨不忍睹的镜头：有的用刀凌迟而死，有的被绑在路灯柱上绞死，有的用手掐死，还有的被机枪扫射而死。

新队员们看了都不寒而栗，格里菲斯也在全身发抖。但他们知道，这是使他们的意志得到磨炼的基本方法，确实他们也真正得到了磨炼。

接着，训练队员被领进一个四周尽是保险柜和装有各种锁的大房间，一个细高个，脸上总是堆着笑容的乔治先生在做了自我介绍后说："在和敌人打交道前，你必须潜入他的房间，我在这里就是要教你们这个本领。只要你能潜入房间，你就能打开任何保险柜。现在都把手伸出来。"

他看了看这些人的大拇指和食指指尖，"啧啧，都是新手，一看就知

道。"

　　说着，他拿出一把锉刀，说道："每天早晨刷完牙的第一件事就是锉指尖肚上的皮肤，只要锉两手的大拇指和食指就行了，这样你们在探测密码锁上的标记时，就可增加敏感度。今天的课题是门艺术，据本人愚见，这是一门最精深的艺术。"

　　这天，乔治还向他们传授了撬锁和扒窃的技术。此后，相继进行了野外训练、肉搏战训练、收发报、密码译电等一系列间谍技能训练。

　　就这样，每天从黎明到深夜，格里菲斯坚持不懈地训练。有时疲惫得连

柯尔特手枪和无声手枪

拍发莫尔斯电码和机关枪扫射的声音都区分不出。到训练结束时，格里菲斯以自己顽强的毅力和刻苦精神，已经成为了一名出色的特工。

经过5周近乎严酷的训练之后，格里菲斯奉威士忌之命去会见德比先生。德比对格里菲斯的训练成绩非常赞赏："成绩不错，祝贺你，漂亮的姑娘！有些人绝没有想到你会干得如此出色。"

夸奖完了以后，德比表情严肃但语气却非常温和地对格里菲斯说道："虎子，你能保证愿意冒生命危险吗？"

格里菲斯极力掩盖自己焦虑的神情，下意识地摆弄了一下耳环，不知经过"过五关斩六将"似的训练后，自己能否胜任在国外的工作，当听到德比的问话，她立即充满信心地答道："能！"

"那么，我们给你安排了一项任务。"德比略微停了一下，又接着说，"我们需要你去……西班牙。"

"西班牙？"格里菲斯惊奇地重复了一下。这简直太出乎她的意料了，过去她猜想可能是去法国，也可能是去瑞典或瑞士，但从没想到要去西班牙。"那么就是说，我的各项测验都合格了？"

"对。但在送你去之前，你还必须做更充分的准备。你必须熟悉西班牙的历史和地理，能够辨认出当今的政治人物。但要特别留神，不要让人注意到你对西班牙感兴趣。"

"那里的任务带劲吗？我可不希望这是一项轻轻松松的任务。"格里菲斯真想一试拳脚。

德比听完格里菲斯的问话，哈哈大笑起来，说："你放心。请相信我，西班牙正是下一步战争胜负的关键。"德比继续说道，"你被分到秘密情报处工作，具体任务我还不能说。到时由秘密情报处的处长谢普德森告诉你，你先按我说的去做准备，到时他会找你的。"

从华盛顿返回后，格里菲斯按德比的吩咐悄悄地了解有关西班牙的情况。

两周后，威士忌找到格里菲斯说："虎子，今天你再去一趟华盛顿。我

们的大老板谢普德森要见你，也许这就意味着你要出征了。"

"你就要出发了。"德比热情地欢迎格里菲斯的到来，并继续说道，"在我弟弟家见到你的那天，你就迫不及待地想上前线。现在好了，你就要出征了，这是你自己努力的结果。你的任务是在盟军发起南欧登陆的'铁砧行动'之前，我们需要对德国人的行动了如指掌。因此，你是个关键人物。你要去迷惑敌人，使他们无法知道我们的行动计划。"

说到这儿，德比用手拍了拍格里菲斯的肩膀，语重心长地说："我在西班牙待了一年半，那次在纽约见到你，我刚从那里回来。是我推荐你来担任这项工作的，我现在仍然认为你是能够胜任的。但是如果你失败了，那也是我的失败。"

德比的话，使格里菲斯心里很是激动，她渴望着去完成这项不寻常的任务。

德比继续说道："虎子，你干得不错。如果我们认为你不能胜任，肯定不会派你去的。我为你感到骄傲。快去吧，谢普德森正在等着你呢。"

当格里菲斯来到谢普德森的办公室时，这位美国战略情报局秘密情报处的处长，绕过办公室内桌旁的一面巨大的美国国旗，走过来和她握了握手，说："请坐，格里菲斯小姐。"

当格里菲斯在椅子上坐好后，他接着说道："你的教官对你的印象极好。你为什么这么急切地想去参战，到可能有生命危险的环境中去呢？"

格里菲斯有点不以为然，但却冷静地回答道："谢普德森先生，我所认识的男青年，包括我的两个哥哥，都去前方打仗了。我当然也和他们一样热爱祖国，我也愿为祖国去冒险。我觉得只允许男青年去报效祖国，这太不公道了。"

谢普德森笑吟吟地说："格里菲斯小姐，你会有许多为祖国服务的机会的，也许比你想象的还要多。现在，挑选你去完成的这项任务特别重要。在柏林，潜伏在盖世太保内部的一个内线告诉我们，希姆莱手下有一名最精干的间谍在马德里活动，他领导着一个高效率的谍报网，专门负责收集有关盟

053

军'铁砧行动'的情报。

"你的任务就是要挖出这个间谍。我们需要你打入马德里的上层社会。当你抵达马德里的皇宫旅馆时，我们的人会去接你的。他会把你介绍给几个人，并告诉你应注意的事情。这次行动的代号叫'斗牛行动'。漂亮的小姐，现在马上就出发。你对外的掩护身份是美国石油公司西班牙办事处的工作人员。在西班牙谁也不会料到一个女子——更不用说一位妙龄女子，会从事这种工作。如果你身陷困境的话……"

谢普德森停顿了一下，用一种发问的眼神看着格里菲斯。

"你是不是在暗示说，必要时我应该杀死自己的对手？"格里菲斯觉得这不应该算是什么大的问题。

谢普德森的脸上露出一丝同情，并肯定地点了点头。

出师不利

被拘异国警署

几个月后的一天，在西班牙马德里"美利坚合众国石油办事处"的办公室里，格里菲斯见到了美国战略情报局马德里情报站站长——代号为"莫扎特"的菲利浦·哈里斯。

一见到格里菲斯，哈里斯没讲任何客套话，开门见山说道："格里菲斯小姐，我一直在等待着你的到来。自从一个三面间谍使我们一半的人暴露后，我们的人手十分短缺。那个该死的间谍同时为德国人、西班牙人和我们干活儿。现在，要做到时时处处小心谨慎真不容易。"

哈里斯还向格里菲斯嘱咐，在马德里只有他一人知道"斗牛行动"，并让格里菲斯负责沟通埃德孟多和哈里斯之间的单线联系，要求所有情报都必须向他汇报，由哈里斯对情报进行综合分析，作出决定。

哈里斯给格里菲斯交代的具体任务是：挖出德国情报部门安插在马德里的高级间谍。时间紧迫，要分秒必争，因为在发起"霸王行动"的一周之后就要进行"铁砧行动"。

哈里斯进一步强调说："南翼登陆成败与否，主要取决于战略情报局马德里情报站提供的情报。我们就在这里确保'铁砧行动'的安全实施。"他抬起头来看着格里菲斯，"格里菲斯小姐，如果你不严格地遵照指示行事，就可能会送掉上百名，或许是上千名美国士兵的性命。"

最后，哈里斯交给格里菲斯一支小巧的25毫米口径的"贝雷塔"手枪以便自卫，并提醒格里菲斯两件事：一是为了不暴露身份，一定要遵守上下班的作息时间，要使人们感到你确实是石油办事处的职员；二是不能卷入爱情

纠葛，一旦发现此类问题，就会被立即送回华盛顿。不久前就有一名女谍报人员由于同手下的一名葡萄牙间谍堕入情网而被迫自杀。

从哈里斯一番突如其来、意义深长而又十分生硬的讲话中，格里菲斯感到自己确实是任重而道远。此后，格里菲斯以美国驻马德里石油办事处职员身份为掩护，活跃于舞厅、宴会、夜总会等社交场合。这个漂亮，迷人而又精干的"虎子"从此跻身于达官贵人之间，同隐藏在马德里的纳粹间谍展开了一场惊心动魄的隐蔽斗争。

这一天，哈里斯把格里菲斯叫到办公室，交给她一个任务，是让她利用周末，装扮成一个轻浮的美国姑娘外出旅游，去完成一件传递信息的任务。

哈里斯从抽屉里取出一个包在透明信封里的东西后，对格里菲斯说："这是微型胶卷，这里有一些西班牙人的姓名和住址，他们将掩护并帮助我们在马拉加至比利牛斯一带的地下交通线上活动的特工人员。哦，对了，我要强调的是，这是我们经过一年半'研究'的结晶。必须立即把它送到'黑家伙'手里，他是你在马拉加的接头人，刚从阿尔及尔来。"

哈里斯拆开包装上的一层胶条，用两个手指夹着胶卷："你见到'黑家伙'时不要跟他讲任何话。佛朗哥的秘密警察如果能获得这件东西，他会给多少奖赏……我简直不敢想象。"

哈里斯让格里菲斯站起来，然后把微型胶卷绕在了她的腰间，"你就这样带着它。"

哈里斯还为格里菲斯准备了一个大公文包。公文包里放有一支乌黑发亮的小型"柯尔特"自动手枪。

"这是送给'黑家伙'的礼物。"哈里斯冷淡地说，"你到旅馆后，就把它放到公文包里。在你和他接头之前，你要想办法把胶卷从腰上取下来，也放进公文包。这是一种预防措施。如果由于某种特殊的原因，你的箱子出了问题，敌人也不会找到情报，除非他们找到你的头上。"

哈里斯取出一张火车票，拿在手中继续嘱咐："为了能够安全交接，明天下午两点半，在马拉加市中心的大教堂里，'黑家伙'的脖子上围着一条

白围巾，坐在后排座位上等你。"

他一边将火车票递给格里菲斯，一边说："火车上可能会有点麻烦。最近规定旅客随身携带旅行证。德国人一周前就拿到了，但我们却还没有。凭你的年龄和其他条件，没有旅行证也能蒙混过去。如果他们真把你抓住了，想办法把胶卷毁掉就行了。"

晚上22时，格里菲斯顺利地登上了马德里至马拉加的列车。由于肩负着重要的任务，她对富丽豪华的车厢布置没有产生什么兴趣。她的手轻轻拍着装有发报机和手枪的箱子，摸了摸围在腰间的微型胶卷。

这时有人敲门，"小姐，我是警察。请出示你的护照。"

格里菲斯把护照递了过去。

"请再出示你的旅行证。"

"旅行证？你指的是什么？"

"小姐，"警察说，"你应该明白，这是对外国人的一条新规定。没有旅行证，你不能离开马德里。"

"不，我确实不知道。非常抱歉。"格里菲斯假装感到惊愕地说。

"既然如此，明天上午请小姐跟我到马拉加警察局去一趟。"

格里菲斯将准备好的一厚沓钱塞进这个警察的手里，满脸堆笑，然后又装出一副无奈的样子说："请高抬贵手，让我直接去旅馆吧！我只能在这座美丽的城市里待两天。"

警察不吃这一套，把钱还给了她，严厉地看着她，说："小姐，一下车我们就去警察局。"

格里菲斯因没能很好应付警察的检查而懊恼不已。到了警察局，格里菲斯被告知负责处理此问题的人去看斗牛了，必须等他回来才能办，因此只有耐心等待。这时，格里菲斯已经错过了两次接头的时间，只剩下最后的一次接头时间了。她一度曾想毁掉微型胶卷，把它丢进厕所里。还好，负责此事的官员见到格里菲斯已经等待这么长时间，也觉得不好意思，便很快就办理了手续，让格里菲斯离开了警察局。

这时已是下午14时20分了，离最后一次接头时间还有10分钟，格里菲斯心急如焚。她匆匆奔到教堂，推开正门旁边的一扇小木门，来到了昏暗的大厅。几分钟过去了，这时有人走进她坐的那一排座位，在离她不远的地方跪了下来。

他围着一条肮脏的白围巾，格里菲斯连头都没转动，只是把用丝围巾包着的手枪从长凳上推了过去。他的手伸了过来，然后，他又把围巾还了过来。接着她又把装有发报机的手提包推了过去。

最后，把胶卷放在手里，手心朝上地伸出去。"黑家伙"取走胶卷时，她居然连一点感觉都没有。所有这些都发生在几秒钟之内。

传递情报
促成战役胜利

　　美艳绝伦的格里菲斯凭借其天分和聪明才智拼搏在间谍战线。尽管在这特殊的战线里上司对特工人员私人的行为有特别的规定，然而，正值青春妙龄，隐藏在内心深处的爱情火花也自然难免迸发。

　　自从在新谍员训练队初见皮埃尔，格里菲斯就被皮埃尔的魅力所征服。在训练队期间，她与皮埃尔的感情在暗中得到了飞速发展，两人已到难舍难分的地步。

　　一个星期天，格里菲斯和皮埃尔悄悄地来到"白天鹅俱乐部"用午餐。就在服务员把香槟酒端上来时，皮埃尔从上衣口袋里取出一个小盒子。红色的小盒子用缎带扎着，他把小盒子放在格里菲斯的面前。

　　格里菲斯轻轻地解开缎带，只见在黑丝绒衬垫上有一枚戒指——镶有一枚光彩夺目蓝宝石的扭花戒指和一对形状相似的金耳环。

　　她脸红红地盯着皮埃尔说："我想我不能接受这么贵重的礼物。"

　　"你当然应该接受，我希望你别忘了我。"皮埃尔用渴望的目光盯着格里菲斯，"无论发生什么事，我都会想着你的。也许我们会在那边再见，因为我们毕竟是同行嘛。戴上吧！"

　　还没等格里菲斯有任何表示，皮埃尔就把她带到了舞池……

　　此后，格里菲斯和皮埃尔分别担负了不同的任务，尽管他们在马德里时有会面，有时皮埃尔是神出鬼没般地与格里菲斯会面，但毕竟不能朝夕相处。

　　1944年6月6日，盟军在诺曼底一举登陆成功。正在人们欢庆胜利的时候，格里菲斯又接到了令她高兴万分的好消息。哈里斯告诉她：华盛顿战略

情报局秘密情报处准备派皮埃尔赴马德里执行特殊任务，让她做皮埃尔的接头人。

从这天起，格里菲斯时刻在盼望着皮埃尔会突然出现在自己身边。

正在她焦急等待之中，突然有一天，格里菲斯得到一个千真万确的情报：盖世太保特工打入了美战略情报局驻西班牙马德里情报站的内部。这使格里菲斯充满了恐惧感，现在她看谁都像是隐藏在内部的"鼹鼠"，甚至她的顶头上司哈里斯都有可能。唯一使她感到宽慰的是，自己心爱的人皮埃尔很快就要来到她的身边，这多少可以缓解她心中的忧虑。

两天后的一个晚上，格里菲斯与皮埃尔在一家舞厅里如期相遇。拥挤的舞池中央，皮埃尔紧搂着格里菲斯。

乘船渡河登陆的美军士兵

"虎子，咱俩又在一起跳舞了。见到我，你高兴吗？"

"高兴得很难相信这是真的。不，这不会是真的。"

皮埃尔用力搂着格里菲斯，靠近她的耳边，擦着她的面颊说："你信任我吗？"

"皮埃尔，我怎么能不信任你呢？我们曾在一起受训。"

"相信我！"他一边低声说，一边紧紧地拉住格里菲斯的手。他突然高兴地笑起来："你手上戴着我送给你的戒指。"

"我每时每刻都戴着它，我——我喜欢它。我想，哈里斯如果知道我对你的感情，他是绝不会安排这次会面的。"格里菲斯有些难为情。

从舞厅回来，格里菲斯马上将与皮埃尔会面的情况向哈里斯详细作了报告。第二天上午，格里菲斯与皮埃尔又在皇宫饭店圆形大厅一个靠窗的座位见面。情人相见自然有说不完的悄悄话，两人相互倾诉着自己对对方的思念。稍许，皮埃尔说："你有关于这次登陆的消息吗？尽管我到这里来见到你很高兴，但我真正想去的地方还是敌后的法国。到那里去干才真带劲儿！"

说到这，他停了一下，又问道："关于我，哈里斯说过什么没有？"

"他叫我把一切都告诉你，并通知你，我是你与他之间的唯一联系人。这个你以前知道吗？"

"我不知道，我被告知去参加那次舞会并设法在那儿见到你，就这些。"他思索了一会儿，又说道，"'铁砧行动'一定快开始了。我不想错过参加这次行动的机会。"

"机要室近来处理的所有电报都是关于这件事的。"

"他们是否已经选定了'铁砧行动'的登陆地点？"

"就我所知，好像还没有。"

"虎子，告诉'莫扎特'，我截住了德国高级指挥部的一名信使。从他那里知道，德军第一军司令部波托·埃斯特将军离开了他原来的行军路线，完全改变了方向，正向比斯卡地区进发，这支部队有750名军官，18000余名

士兵和数量不详的'马克-3'型坦克。这个情况必须立即让'莫扎特'知道。"

格里菲斯答应了。时间过得真快，格里菲斯真的不想离开皮埃尔，但工作是第一位的。"虎子，既然咱俩以后要在一起工作，我想我们相爱不违反纪律。"在两人一起走下大理石台阶时，他边用手挎着她的胳膊边说。格里菲斯真的感到了幸福。

格里菲斯回到办公室，把情况汇报给哈里斯，哈里斯高兴地说："虎子，人们认为皮埃尔是我们最能干的谍报人员之一。他的经历不凡，你能同他一道工作真是幸运的事。不过，有一点你必须要牢记，除了你我之外没有第三者知道关于'鼹鼠'的事。当然'鼹鼠'本人除外。所以你今后同他们共事时一切要和原来一样，丝毫不能流露出你对他们的态度有了变化。"

哈里斯摆弄了一下手中的钢笔，继续说："谢普德森来电说，登陆行动即将开始，你有新的任务。现在还不能把全部情况都对你说。在今后几个星期的某个时间，你将收到一份谢普德森直接发给你的绝密电报。我会通知密码室，从现在起，所有的绝密电报都由你一人负责译码。你一收到我所说的那份绝密电报，必须立即把它拿给我。你可以随时找到我。记住，我说的话你一句也不能对外界透露，即使对皮埃尔也不要透露，除非事前经我许可。"

1944年8月8日清晨，那份关键的电报终于来到了！

　　虎子：
　　　绝密！绝密！告哈里斯立即实行第二阶段计划。

　　　　　　　　　　　　　　　谢普德森

格里菲斯译完报，连门都没有来得及敲，便一口气冲进了哈里斯的办公室。哈里斯看过电报后，很舒服地向后靠在扶手椅上，脸上带着一种满意的

微笑。他取出收音机，扭开开关，并将音量调大，以使人无法听到他俩的谈话内容。

"虎子，这封电报的意思是说登陆作战将在法国的马赛进行。这封电报的重要性在于，它可能意味着战争的结束，也可能使我们成千上万的同胞丧生，我们就是为了这一任务才把皮埃尔调到马德里来的。"

哈里斯走到墙角，拿过来一把椅子，让格里菲斯坐下，继续说道："马上与皮埃尔联系，告诉他，将他领导的特工人员带到马赛地区，以便在我军登陆时他们能处于随时支援我军的位置上。他对部下要不露风声。登陆地点的情报是很机密的，绝对不能泄露出去，不能让任何人知道。对那些多年来为了我们的事业忘我战斗的人们也要保密。这一点你能对他讲清楚吗！"

格里菲斯点点头，什么也没说。

"事实上，这一消息是如此重要，所以，为确保万无一失，我们不能让皮埃尔冒险越过比利牛斯山沿老路去法国，以免他在中途被捕。我将想法把他送到阿尔及尔，从那里他可以被空投过去。

"虎子，你要使他充分认识到这次任务非同小可。皮埃尔必须要透彻地理解这一任务的重大意义。"说这话时，哈里斯那双小眼睛一直在紧紧地盯着格里菲斯，"战略情报局伦敦站出色地执行了有关'霸王行动'的任务，我们一定不能比他们干得逊色啊。"

格里菲斯又郑重地点了点头。

哈里斯最后说："虎子，你马上行动吧！今天晚上我们有一架专机飞往阿尔及尔，晚上21时用我的'派克'轿车送他到机场。我现在还不知道他被空投到法国的准确时间，但是到时我会告诉你，以便你能同我们一起收听无线电来了解他是否平安到达。"

几个小时后，在皇宫饭店酒吧间，格里菲斯和皮埃尔又一次见面了。

"虎子，我亲爱的，告诉我你这么急着见我有什么事吗？"皮埃尔紧紧握着格里菲斯的手，很着急但却温柔亲切地说道。

"哈里斯有一桩特别任务要交给你。命令是刚刚收到的，一份绝密电

报。"

"总算等到了。"皮埃尔显然很高兴。他拿出一支香烟点上,同时呷了一口雪利酒问道,"我什么时候走?"

"一辆挂着外交牌照的黑色'派克'轿车晚上21时整在旅馆门前接你。接你到格塔贾军用机场。"

"虎子,你是爱我的,对吗?我到了那边,会想你的。"

"我也会想你的,盼望你平安回来。再见吧,皮埃尔。"

朦胧的灯光下,两个有情人难舍难分,对望了一会儿后,两人几乎同时紧紧地拥抱在一起……

1944年8月15日上午,格里菲斯走出家门时,突然听到看门人的收音机里传来一个令她吃惊的消息:"10万盟军正在圣特罗佩附近的一个渔村登陆。"

她简直不敢相信自己的耳朵。圣特罗佩位于戛纳附近,离她告诉皮埃尔的马赛差得太远了。怎么回事?登陆地点不是在马赛吗?

这对格里菲斯来说,真是灾难性的消息。格里菲斯快步赶到办公室,看到人们的脸上都洋溢着喜悦的神情,似乎只有她被蒙在鼓里。

格里菲斯怒气冲冲地直奔哈里斯的办公室,她没等哈里斯开口便大声说道:"你为什么不信任我?为什么认为我不可靠,传给皮埃尔的是假情报。"

哈里斯静静地看着格里菲斯,没有说话,只是在他的目光中流露出了同情但很坚毅的神情。

现在格里菲斯明白了:那只"鼹鼠"就是皮埃尔。他们都知道,把假的登陆地点告诉他,就会迷惑德国人,使他们据此作出错误的判断。

"别太认真了,艾林。"哈里斯看着格里菲斯难过的表情第一次没有称她"虎子","这次登陆成功也是你的功劳。如果不是你出色地完成了任务,今天我们就不会在这里欢庆胜利了。我们之所以没有告诉你实情,只是为了保护你。一旦皮埃尔稍微察觉到你知道他是双重间谍,他就会杀了你。

是的，只要他嗅出味道来。至于说确切的登陆地点，包括许多参加作战的将军和我们都不知道。这是艾森豪威尔的命令，我们必须服从。"

哈里斯说完，走过来将手搭在格里菲斯的肩膀上，"你应该回到办公室去和大家一起庆祝你的成功，你应该知道，你是受之无愧的。"

不管哈里斯怎么说，格里菲斯都难以平静。这对她的打击实在是太大了，最亲近最信任的人，一下子成了"鼹鼠"，在感情上的确是一时难以接受。几天之后，当格里菲斯回到公寓，看到德比就站在客厅里。格里菲斯喜出望外，快步上前同他握手："真不敢相信是你来了，你好吗？"

两人并肩坐在沙发上，就像久别重逢的老朋友似的，彼此用关切和诚挚的目光打量着对方。

"从哪说起呢？首先，谢普德森向你表示祝贺。他听说你干得不错，现在他把发掘出你这个人才算做他的功劳了。"德比的话，使几天来格里菲斯受伤的自尊心得到了一些安抚。

"另外，我要告诉你的是：皮埃尔早就是个叛徒，但他最终却成了我们向德国人提供假情报的工具。因此我们要感谢你，艾林。你作出了无法估量的重大贡献。在同一时间内，我们虽然还利用了其他一些人去迷惑敌人，但我认为，使敌人确信无疑的是你传给皮埃尔的那份决定性的情报。显然，皮埃尔从未想到你会告诉他假情报，而德国人也非常信赖他。"

德比停了片刻，又接着说："虎子，哈里斯非常敬重你。其实，要不是他欣赏你的工作，今天我也不会专程到这里来的。另外，艾森豪威尔对你的工作也表示了钦佩，他说：在我们的'铁砧行动'中，很难想象一位美丽的小姐所作出的贡献，她是这次胜利的功臣。"

德比的一席话，使格里菲斯感到无比高兴。她的工作到得这么多人的称赞，这是她得到的崇高荣誉。

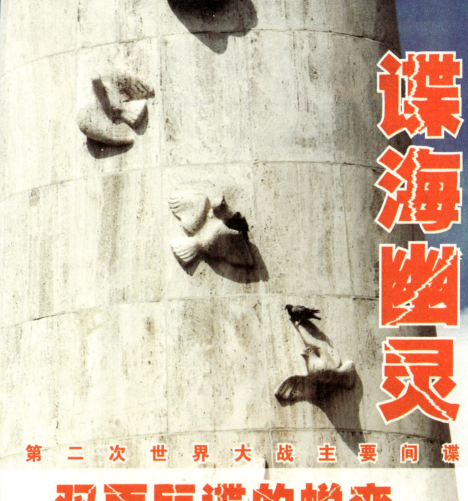

谍海幽灵

第 二 次 世 界 大 战 主 要 间 谍

双面巨谍的蜕变

　　达斯科·波波夫出生于南斯拉夫一个富商家庭。德国欲招揽他做间谍，收集情报对抗盟军，但对德国政策不满的波波夫不甘为德军所利用，主动请缨，表示愿意为英国效力。此后，他不仅构筑了自己的间谍网，还成功地获得德国人的信任，多次为德国传递假情报。二战结束后，他获得了英国帝国勋章。

出身望族
被德英双方看重

　　达斯科·波波夫1912年7月出生于南斯拉夫一个富商家庭。波波夫自幼聪明伶俐，好四处交游。

　　早在20世纪30年代，德国看准波波夫在南斯拉夫的地位和交际，欲招揽他做间谍，收集情报对抗盟军。此时的波波夫20岁出头，意气风发。

　　对德国政策不满的波波夫不甘为德军所利用，于是主动请缨，向英国驻贝尔格莱德大使馆表示，愿意为英国效力，负责利用其在南斯拉夫的交际圈子，收集德国在南斯拉夫的经济、军事情报，为祖国的光复努力。

　　在波波夫的妙手经营下，由他建立的情报收集网"南斯拉夫圈"渐成气候。在军情五处协助下，波波夫在欧洲成立了"南斯拉夫圈"情报网络，利用无线电、微粒照片、隐形墨水明信片等特务工具，将大批德国情报，包括火箭研究资料送到英国手上。

　　波波夫多才多艺，亲自改进了许多特工的技术装备。在军情五处的档案中，记载了波波夫制造隐形墨水的配方，显示他利用酒杯混合隐形墨水。此外，他的档案还包括大量载有日期的文件、隐形墨水明信片、印上已"拆开"或"检查"邮戳的邮件，及他寄给女友的信件。

　　波波夫不仅构筑了自己的间谍网，自己的身份也保护得很好，可以说天衣无缝。也正因为如此，德国情报机构"猎头"的目光仍没有从他身上移开。

　　在纳粹眼中，波波夫在南斯拉夫和英国均拥有良好的人际关系，而且，波波夫在南斯拉夫的身份——一个对德国占领军稍有不满，但大多时间无可

奈何安于现状的小资本家——使得波波夫成为纳粹间谍的良好人选——这样的南斯拉夫人可以编造出一个合理的逃离南斯拉夫的理由，从而轻易打入英国并获得其信任。

1940年2月的一天，正在自己别墅中度假的达斯科·波波夫忽然接到柏林来的一份电报，上面写道："急需见你，建议2月8日在贝尔格莱德塞尔维亚大饭店见面。你的挚友约翰尼·杰伯逊。"

约翰尼是波波夫在德国南方的弗赖堡大学结识的挚友，两人私交不错，但是约翰尼在前两年加入了纳粹的情报组织——阿勃韦尔。见到约翰尼，两人谈了一笔关于战争被扣商船的贩卖生意，不过波波夫看得出来，约翰尼心不在焉。

不久之后，约翰尼介绍波波夫认识他的上司——党卫军情报部门的少校门津格。

寒暄几句后，门津格进入正题："我们在英国有许多情报人员，其中有不少是很精干的。但是，我们需要有这样一个人，他能通行无阻。你的社交关系可以打开许多门路，有些情报不是马路上可以搞到的，你可以帮我们的大忙；同样，我们也可以礼尚往来，波波夫先生。"门津格开始用力拍波波夫的马屁，"帝国是知道如何慷慨地报答你的，你将

二战时的电台

成为南斯拉夫未来的重要人物。"

"门津格是我的顶头上司，"约翰尼略带歉意地说，"波波夫，我本想采取另一种方式，可是他急不可耐。"

"是找我做间谍？"波波夫感到自己的全身血管快要爆炸了，但是脸上不动声色，依旧笑容可掬，给两位客人倒酒。

门津格以为波波夫还在考虑，继续说："很久以来，我们一直千方百计地寻找一个能在上流社会活动的人。正如你可以猜到的，这个人还要具备许多其他的素质。从根本上说，他应该具备做一个高级间谍的条件。所以，我自作主张把你推荐给了他们。"

波波夫从椅子上站了起来，在大厅里来回踱步："我自己还没想过，给我几天时间考虑。"

在送走客人之后，波波夫立即与自己的上司迪尤联系，询问自己做双面间谍的可行性。言谈之中，显露出他对这一具有挑战性的工作的强烈渴望。迪尤微笑着告诉他："你是否考虑到如果你决定做这件事的后果呢？它会使你深深地陷进去，深深地。"

"一人做事一人当。"波波夫回答。

"那就祝你好运。"迪尤同意了波波夫的计划。

交际周旋
为正义战争效力

这次见面结束后，波波夫便作为一名德国间谍展开了自己的"业务"。几星期后，按照约定地点，史巴雷迪斯向他——伊凡，下达了一项重要任务。

现在，波波夫的化名是"伊凡"。

门津格少校告诉他，他即将被派往英国，要求他转道西班牙前往英国，收集有关英国的城市地貌、人口分布、政府机构、军事设施等情报。他顿时明白此行的任务是为"海狮行动"提供轰炸目标。

按照约翰尼的接头办法，波波夫找到了自己的新上司——卡斯索夫少校，真名叫欧罗德。他是阿勃韦尔驻里斯本的头目。卡斯索夫少校办事果断、干练，马上就开始亲自教他使用密码、投寄信件，还给了他一架莱卡照相机和一台打字机。

同时，又指派阿勃韦尔三处驻里斯本的头目克拉默上尉对他进行了严格的审查。一切都证明正常后，卡斯索夫命令他住在一家德国人控制的饭店——阿维士饭店。

波波夫住进饭店到餐厅用餐时，几次都发现一个漂亮姑娘对他屡送秋波、频递媚眼。

有天晚上，波波夫碰巧在电梯里遇到了她，当时只有他们两人，那姑娘火辣辣的眼睛里冒出的全是情欲之火，就差没有扑到他的身上了。但是由于相见短暂，不可能有更多的交谈。

出了电梯，走进房间的洗澡间冲了个澡，波波夫突然发现那位姑娘已经

躺在他的床上了。

见波波夫进来，这位姑娘竟大大方方地倒了一杯白兰地，对他说道："来吧，有趣的男人，跟我喝一杯。"说着便在他脸颊上吻了一下，"再给我倒一杯酒，然后谈谈你的身世，好吗？"

波波夫顿时警惕起来了。她那假装羞答答的样子使波波夫顿起疑心，对她的兴趣也随之抛到九霄云外。于是，波波夫打起精神，顺着这个女人的意思编一大堆自身的经历，特别是他到里斯本的经历，以及里斯本的打算。

这个女人看上去对他编造的故事十分满意，因为还没等他讲完，她那种卖弄风情的热情早已降到了零点。这下倒验证了波波夫的猜测：她是德国间

二战时的打字机和手榴弹

谍，目的是为了了解自己对希特勒的忠心。

波波夫故意把快喝尽的威士忌酒瓶子递给了她，说道："如果你睡不着的话，你就把它带着吧，你已经在我的床上搞到了你所需要的故事。"

第二天，波波夫例行向上司汇报了公务。卡斯索夫严肃地说道："关于那姑娘的事，你再不要追查了。上头对你的警觉性……很满意，他期待着你从伦敦带来的好消息。"

带着阿勃韦尔的"厚望"，双面间谍波波夫搭乘荷兰皇家航空公司的班机飞往英国首都伦敦，而且"应聘"进入了英国的情报机构——军情六处。

抵达伦敦后，波波夫便在军情六处人员的协助下，进行了大量的"情报收集工作"：他拍了一个伪造飞机场的照片，记录了一些飞机和军舰的数目与型号，描绘了重要地区的地形图；并利用卡斯索夫给的莱卡照相机，拍了许多海军方面的"情报"。后来德国人对此赞赏不已，认为这种情报实在非常宝贵。

在军情六处，风流倜傥的波波夫又认识了一个名叫嘉黛·沙利文的迷人姑娘。此人是奥地利一个纳粹头子的女儿，但却从未服从过父亲的信仰，于是出逃到英国来。嘉黛姑娘似乎对波波夫很有兴趣，她那双迷人的大眼充满了柔情蜜意。

波波夫看着这个女子，他感到有一股难以名状的暗流冲击着心房，真希望和这个姑娘多待一会。在波波夫进行复杂微妙而且危险的

双重间谍活动时，嘉黛姑娘也来到波波夫的身边，成为波波夫在工作和生活上的伴侣。

她风貌诱人，花枝招展，带着波波夫一个接着一个地参加宴会，把他介绍给所有值得拉关系的名流，并且帮助他配制密写剂，编写密码信，起草给转信人的明文信。他知道这辈子再也离不开她了。

在嘉黛的帮助下，波波夫用密写的方式为卡斯索夫提供了大量的伪情报，并谎称由于情报太多、体积太大、分量太重，不宜邮寄，必须回里斯本当面转交。实际上，这是为尽快地回到德国情报机关，刺探他们的内部组织而设置的一条妙计。

一切都按照军情六处的计划有条不紊地展开了。与心爱的姑娘惜别，波波夫前往里斯本，很快便和上司接上了头。卡斯索夫在一所别墅里对他进行了一番细致且持久的审讯。他对情报的每个细枝末节都要追根寻底，从各个不同角度来盘问，以便发现新的动向。

当他听到嘉黛·沙利文和波波夫推荐的另一个情报员狄克·梅特卡夫时，就像一只机警的猎犬嗅到了猎物的踪迹一样，连续不断地提了许多问题。

最后，他十分谨慎地说："想办法深入地摸一摸他们的思想状况。在谍报工作中，一定要做到绝对了解和控制。一个出色的间谍，绝不会把自己的安全与感情混为一谈。"最后，他又向波波夫泄漏了一个绝密的情报，这后来成为波波夫主要收获之一："很快，我们就不需要你再去操心外交邮袋和其他传递材料的途径了。我们将通过一个小玩意儿来传递情报。柏林方面正在发明一种方法，把一整页的材料缩小到只有句号那么大小的一个微型胶片上。只能通过显微镜才能看清楚，我们把它称为'显微点'。"

波波夫听到这个消息，心中暗笑，不久便将这一重要情报传回英国。于是从英国发往国外的可疑信件纷纷被英国用特殊工具——检查，从中揪出不少德国间谍。

由于再次获得了上司的信任，嘉黛和狄克被发展为德国间谍，做波波夫

的下手。很不幸的是，这三人早已是英国军情局发展的情报人员了。这三名双面间谍组成了一个小组，英国情报当局认为应该给它取一个新的代号，叫"三驾马车"。

为了获取德国方面的信任，军情六处给"三驾马车"暗地里不断帮忙。为了阻止毒气战，波波夫通过"气球"送去了一个报告，说明英国已对毒气战做好了一切准备，从而使德军完全打消了发动毒气战的念头。

同时，"三驾马车"还透露给德国许多政治情报，这些情报对战争没有直接影响，目的是为了提高他们的威望。大部分通过"胶水"送过去的政治情报在反对最高统帅部的心理战中起了作用，"马基雅维里计划"就是其中一例。

英国海军想让德国人对东海岸的水雷区产生一个错觉，"三驾马车"的任务是把虚构的布雷图送给德国人。

为此，"三驾马车"设计了一场戏：有一个叫伊文·蒙太古的英国海军参谋总部人员，因为是犹太人，对德国人要打赢那场战争怕得要死。他听了许多关于集中营的可怕的故事，因此他希望从德国人那里得到某种人生保险。

波波夫趁机和此人结成了好友，并请求他把那些绝密的海防图设法送给德国人。于是，有关英国海军的水雷布置图就这样到了"三驾马车"手里，而德国情报部门对此一直深信不疑，把它作为绝密情报呈送给元首，使希特勒打消了从东海岸进攻英国的想法。

放荡生活
查出高层身边卧底

在波波夫领导下的谍报网空前壮大的同时，他们的战术谋略主要转向了发出假的警告和策反上。其目的在于混淆德国人视听，加重战争失败的心理压力；同时使德国军队在西线保持最大的数量，从而减轻苏联前线的压力。

一个相当有代表性的例子是"斯塔基行动"。在这次行动中，他们向德国情报机关提供了点点滴滴的情报，使他们相信在加莱港地区正准备发动一次大规模的两栖登陆。这就诱使德国空军进行侦察，并把轰炸机群引到英国皇家空军的后院，使之处于易受攻击的境地。

但是与上述反间计谋相比，最具有戏剧性的莫过于"西塞罗"的被捕。这名纳粹打入盟军高层的间谍，隐藏极深，破坏力极大，最后竟然是被波波夫在无意中从上司口中打听出来的。

事情要从波波夫的日常生活谈起。波波夫有一句名言："要使自己在风险丛生中幸存下来，最好还是不要太认真对待生活为好。"因此，身为间谍的波波夫生活奢华放荡，喜爱享受生活和漂亮女孩。

作为间谍，波波夫的活动经费比其他间谍高不少。在一次前往美国探听军情的活动中，波波夫跟当时好莱坞著名女星西蒙娜·西蒙拍拖，在短短14个月内竟然花掉8万美元，不仅让他的德国上司心疼不已，连他在军情六处的英国同僚也暗暗吃惊。

有一天下午，回到西班牙的波波夫向纳粹要活动经费，并抱怨说给自己的钱太少了。卡斯索夫解释道："请相信我，我们已尽了全力。我们支付情报的费用是按质论价。如果你能找着好的情报，说不定我们会支付数百万美

元。"

"你别说大话了，"波波夫发牢骚，"难道天底下还有比我和我的小组提供的更惊人的情报吗？除了丘吉尔如何消化食物的详细情况稍有欠缺之外，我几乎把英国有点价值的情报都向你提供了，你不要为阿勃韦尔的吝啬找借口了。"

"请相信我，达斯科，"卡斯索夫辩解，"为什么我们没有给你们更多的钱呢？原因是我们把一大笔钱给了我们的一个情报员，这个人出身清贫、生活俭朴，但他向阿勃韦尔提供了难以相信的重要情报。"

"什么样的情报呢？"

"再也没有比这更多更好的情报，有军事的、政治的，甚至有德黑兰会议记录和盟军将要进行的一次大型两栖登陆的准备性消息。"

"我不相信。一个地位低下的人不可能搞到这些，他必须是一个地位很

二战时的轰炸机

高的人。他究竟是谁呢？"

"我告诉你吧，事实上他是你的同乡，离杜布罗夫尼克不远。"

这个消息立即引起波波夫和英国军情六处的高度警觉。他们从各方面推测认为，此人很可能是阿尔巴尼亚人，因为杜布罗夫尼克离阿尔巴尼亚边境最近。军情六处立即开始对所有能接触德黑兰会议记录的人员进行了摸底。

很快，范围就缩小到英国驻安卡拉大使的一个阿尔巴尼亚籍的随从身上，此人的化名叫"西塞罗"。随着"西塞罗"的被捕，德国在英国中枢机构的特务网也被打击殆尽。

最让波波夫沾沾自喜的是：自己还查到了"西塞罗"单个情报的最高酬金不超过150万美元，根本不是卡斯索夫所说的"数百万美元"。当然，此话只能暗地里嘀咕，不能明着跟卡斯索夫说。

1943年4月中旬，军情六处要波波夫去调查一种德国人正在试制的具有很大杀伤力的新武器。这种武器叫FZG-76型火箭，或叫"战车"式火箭。英国人后来把它称为：V-1火箭——即世界上第一种投入使用的巡航导弹。

很快，波波夫和自己的同志发现，在德国皮尼蒙德附近的两家生产小型飞机的工厂正在研制一种发射装置，并了解到他们还批量生产一种无人驾驶、能运载一吨重的炸弹的单翼飞机。得到这消息，英国皇家空军马上派出轰炸机群对该地区进行了密集式轰炸，使德国人的生产瘫痪了半年之久。

借刀杀人
清除潜在威胁

就在英国人频频发起强大的间谍攻势时，德国人感到必须加强自己的谍报组织的建设。

阿勃韦尔拟订了一个代号为"太上皇"总反攻的计划：在它掌管的双重间谍中，选择一个人用于最重要的谋划，以期提高谍报人员的素质，挫败盟军的情报攻势。于是，在阿勃韦尔内部展开了一场评价间谍的活动，意图肃清内部的盟军眼线，特别是像波波夫这样的危害极大的"谍中谍"。

"评价活动"来了，波波夫按理要躲起来过冬。但是如果这样，波波夫就不是那个驰骋第二次世界大战的巨谍了。为了不让德国人对自己的活动进行深入调查，以免从中发现"纰漏"；也为了能打入到德国的核心计划——"太上皇"计划中去，通过约翰尼的牵线搭桥，波波夫认识了阿勃韦尔一个至关重要的人物。

此人叫卡姆勒，是阿勃韦尔一处的中尉情报长官。他的部分工作是对潜伏在世界各地的间谍收集到的情报作出评价，并转送到柏林。他也是谍报界中层人士中最有可能接触"太上皇"计划的人。于是波波夫便想方设法地和他搞好关系。

卡姆勒是个孤芳自赏的人，从来不屑对那些特务组长拍马屁；相反，有时候还要干扰这些人的工作，其原因就在于他太能干，也太有嫉妒心了。所以他与卡斯索夫、克拉默等人的关系很不融洽。

波波夫抓住他这一弱点，经常在他面前发牢骚，说卡斯索夫根本没有什么才能，只是为了保住自己的舒适职位，恬不知耻地夸耀自己而已。时间一

　　长，卡姆勒果然把波波夫看做是可以推心置腹的人，对其几乎无话不谈。他偶尔有意无意地帮助波波夫评价一些纳粹特务，使之了解到许多幕后消息。

　　正当波波夫四处探听德国双重间谍的身价，并以此推测自己的安全系数和参加"太上皇"计划的可能性时，他从卡姆勒那里发现在里斯本还有一个阿勃韦尔的特殊间谍网，名叫"奥斯特罗"。

　　这个发现一度使他思想混乱，因为他原认为自己的间谍网是纳粹德国摆在西欧的唯一一张牌。看来德国人可能对自己产生了怀疑，或者是想通过"奥斯特罗"来侦察自己。必须除掉这个组织，防止后院起火！

　　经过约翰尼的大力协助，波波夫终于查清了这个组织的活动情况。原

波波夫在西班牙工作期间的住所

来，"奥斯特罗"这个特务组织是由一个名叫卡迈普的人领导的，他领导着3名间谍，分别叫"奥斯特罗1号""奥斯特罗2号""奥斯特罗3号"。1号和2号在英国，3号在美国。

这个组织潜伏的时间很长，阿勃韦尔一直把它隐藏得很深，甚至卡斯索夫和克拉默都不能掌握其动向。他们只听命于柏林方面，不过仅由卡姆勒的秘书费罗琳充当桥梁而已。

波波夫在侦察的同时，立即通告了军情六处。军情六处对此案十分重视，专门派人来里斯本协助调查。军情六处很快就意识到"奥斯特罗"对"三驾马车"的潜在威胁：它有可能把德国情报机关引向"错误"的道路。

德国情报机关对它的信任超过对波波夫的信任，这不仅会阻碍波波夫参加"太上皇"计划，而且早晚都要暴露。

于是，英国情报当局决定清除这个组织。为了不使清除工作引起阿勃韦尔的疑心，对危及英国方面的双重间谍网，军情六处决定采取借刀杀人的办法：为了败坏"奥斯特罗"的声誉，"三驾马车"向柏林发出了得到证实的真实情报，使之与"奥斯特罗"送去的情报形成鲜明的对比。

正当波波夫扫清了通往"太上皇"行动的障碍，准备打入德国的核心机构时，从柏林的约翰尼那里传来了一个不幸的消息：德国人还有一个老资格的双重间谍网，并对波波夫产生了怀疑。

看来，形势已迫在眉睫，必须拔除前进道路上的所有钉子。

约翰尼发现的是一个3人双重间谍，头头是前奥地利骑兵军官科斯勒博士，后就职于阿勃韦尔在布鲁塞尔的情报中心站。科斯勒博士是个犹太人，但却是阿勃韦尔的高级军官。仅凭他的种族，就足可让那些反对纳粹的人认为他是个"敌后策反分子"。

科斯勒通过英国皮特公司驻欧洲大陆的分公司经理范托建立了他和英国方面的联系。此人诈称帮助英国向德国将军们说明战争的真实进程，以便说服他们向盟军求和，很快就骗取了英国方面的信任。英国情报当局认为此事很有前途，便把科斯勒和范托接纳为双重间谍。前者代号为"哈姆莱特"，

后者代号叫"木偶"。

后来，科斯勒又给自己的情报网增加了一名情报员，此人代号叫"鲻鱼"。由于英国方面的轻信，这个情报网向阿勃韦尔提供了大量有关生产和工业的绝密情报。

得到这个间谍的详细情况后，波波夫立即向英国情报机关作了汇报。但鉴于上次清除"奥斯特罗"的行动已受到德国人的怀疑，英国情报部门只能小心提防，不能将之连根拔去。

这样一来，就意味着"三驾马车"最终丧失了打入"太上皇"计划中心的机会。

为了阻挠德国人的反攻策略——"太上皇"计划，英美决定尽快实施反攻计划——"海王星"计划。

为了保证反攻计划的顺利进行，军情六处要求波波夫按照既定谋略计划的要点行事：

> 首先要使德国情报机关相信，反攻将在加莱海峡开始，而且在第一批部队登陆之后，紧接着就有第二批实力更强的部队在同一地区登陆。同时，在波尔多地区可能也有一股部队登陆。
>
> 此外，还要像虚设假情报员那样，制造假军队。要虚构三支军队，一支名叫美国第一军，另一支叫英国集团军，第三支是美国第十四集团军。

为了完成任务，波波夫等人如同进行猎狗追野兔的游戏那样，设置了一些细小的标记，引诱德国情报机关去追逐根本不存在的军队。他们向阿勃韦尔提供了大量有关师团的驻地、部队的调动、物资的供应、仓库的所在地、修理车间等情报。

为了使这些假情报更能迷惑敌人，他们又掺入点滴真实情报加以润色。

为了愚弄纳粹的窃听机构，波波夫又派人建立了一个高频电台，24小时

连续工作，模仿虚设的部队转移情况，不停地从师团向司令部发报。为了欺骗德国空军的侦察机，他们又提供了事先伪装好的假军营的住址情报，使德国人对飞机拍下来的照片深信不疑。

为了使德国人更加相信他们所汇报的情况，他们又向中立国的大使馆泄漏有关方面的消息，再由他们把消息传到阿勃韦尔的耳朵里去。

由于间谍战的辉煌业绩，同盟军以极小的代价顺利完成了"海王星"计划，使德国人的反攻阴谋遭到彻底失败。正当英国人沉浸在胜利在望的狂热和乐观情绪之中时，"三驾马车"又奉命回到里斯本的"狼穴"中，等待执行一项更重要的任务。

经受考验
跨越层层难关

由于德国谍报部门在"海王星"计划中损失惨重，组织遭到严重破坏，急需休养生息。因此，在初到里斯本的一个多月中，波波夫轻松得简直没事可干，于是便到赌场里散心。

一天，波波夫正在赌场赌一种赌注不限的"百家乐"时，来了一群朋友，向他打招呼问好。他们中间有一位貌似天仙、白肤棕发碧眼的比利时姑娘。他们把她介绍给波波夫，说她名叫露易斯。

露易斯伸出手来与波波夫握手，其热情程度显然使波波夫感到与她在一起远比继续赌钱更为快慰。于是他提议到酒吧去喝一杯，露易斯欣然接受邀请。从酒吧到波波夫的房间，这是一个自然发展的过程，并没有引起波波夫对这个女人的怀疑，直至晚上畅游情海之后，露易斯看上去还是那么纯洁多情。清晨三四时，波波夫醒来发现自己单独一人躺在床上。也许是仲夏的晨曦，也许是沙龙的嘈杂声吵醒了他。通向客厅的门洞开着，波波夫顿时警觉了起来，开始留心倾听。

他听到办公室抽屉被打开的声音，这下明白了过来：露易斯是阿勃韦尔派来监视他的！幸好波波夫从来不在房间里放重要的文件，所以索性不理不睬，让露易斯翻个够。

几分钟以后，露易斯踮着脚尖走进了卧室。波波夫装着睡着的样子，从眼睛缝里看着她。她走近床边，轻轻地爬上来躺在他的身旁。

波波夫见时机已到，便翻个身，用胳膊支起身子，装出一副睡眼惺忪的样子说："亲爱的，睡不着吗？"

　　露易斯转过身来，趴在波波夫的身上说："我不是有意要把你弄醒，我是想找支香烟。"

　　听了这句话，波波夫把胳膊从她身上伸过去，到床头柜里拿了一包香烟。

　　"呃，这里才有香烟呢，抽一支吧！"

　　"真不好意思。"她喃喃地说，仍然把波波夫抱得紧紧的，"我已穷困潦倒，想找点钱花，可是，我绝不是一个小偷，这是我第一次……"

　　波波夫闻言把她从身上推开："你应该更巧妙一些，我的外衣就在那边，口袋里装满了筹码，你不是看着我把它们塞进口袋里去的吗？你只要捞一把到赌场把它们换成现钞就行了嘛！好吧，你要钱就拿吧，不过你究竟是为谁工作？"

　　"你这话是什么意思？"

　　波波夫气愤之极，伸手打了她一个耳光，这个女人开始哭泣起来，但还是不肯吐露真情，波波夫见状也不再逼她了。经过这件事，波波夫越来越感到自己处境危险，预感到德国人又要变个花样对他进行审查了。

　　果然，过了几天，约翰尼突然从柏林赶来，对他说："明晚你将要向反间处的施劳德和纳森斯坦汇报。还有一个新从柏林来的人，他是专门来审问你的。这是我在几小时之前从密码处搞到的真实消息。到时你要汇报的情况是属于绝密级的，既重要又紧急。他们将追根究底，使你绞尽脑汁。他们也不会像卡斯索夫那样彬彬有礼。"

　　"放心吧，不会出什么问题的。"

　　"当然，你是一只真狐狸，只要你保持清醒的头脑，你是可以用智斗取胜的。但如果他们使用测谎血浆的话，那怎么办？"

　　"测谎血浆？那是什么玩意儿？"

　　"这是新从实验室里试制出的一种妙药，是一种破坏人的意志的新药。服这种药以后，据说病人就不会说假话。你应该试一下，阿勃韦尔驻里斯本情报站最近运来了一些。"

"约翰尼，你相信这种药的性能吗？你要知道各人对药物的反应是不一样的。"波波夫对自己的自制能力一向自傲。

"我承认你对酒精的抵抗力很强，至少……当年是很强。但这玩意儿是一种致幻剂之类的东西。"

"你能不能搞点那种药，让我先有个准备。"

"也许能搞到。"

下午15时左右，约翰尼果真拿了一包药回来，并带来一名懂行的医生。此人对该药的作用颇有研究，并且对纳粹忌恨如仇。

"25毫克，"医生用皮下注射器量了量剂量，"这个剂量足以使神经系统处于半麻痹状态。如果你有什么事就到隔壁的房间来找我。几分钟以后，你就会有所反应的。"

很快，波波夫便感觉头晕、恶心、想睡觉。眼前所有的事物都显得非常有趣而奇怪，每一个人都是那么可爱。当波波夫感到舌头膨胀到口腔都装不下时，对着一旁的约翰尼叫道："约翰尼，来吧，开始吧！你就从我们戏弄那几个盖世太保的笨蛋那儿开始提问好了。"

约翰尼开始问些无关痛痒的问题，胡乱地问波波夫的家庭、童年时代以及大学时代等情况，接着便把问题转到英国，问他在那里的活动情况和所接触过的人。结果波波夫不是回避，就是否认，或是撒谎。

虽然他说话有些困难，但回答的答案却证明他的头脑还是很好使的，看来在药力完全发作的情况下，波波夫还是能很好地控制住自己。

"药性有点过去了，约翰尼。"一个小时以后，波波夫对他说道，"我甚至连一点儿睡意也没有，可是醉得够呛，这是我一生中醉得最厉害的一次。"

到了晚上，为了进一步试验自己对测谎血浆的承受能力，波波夫主动要求医生把剂量加大到50毫克。这次几乎把波波夫搞垮了。朦胧中，他只知道约翰尼在问问题，但不知道在问些什么，也不知道自己是否做了回答。他只觉得自己好像翻了一个跟斗就睡了过去。

第二天下午17时左右，波波夫被猛地摇醒。他睁开双眼，看见约翰尼站在自己身旁，眼前摆着十分丰盛的食物。

"现在是什么时候？我表现得怎么样？"

"下午17时整。昨晚你表演得精彩极了，我正想推荐你参加好莱坞奥斯卡金像奖的角逐呢！据说奥斯卡本人是世界上表演失去知觉的最佳演员。我几次审问你。第一次是刚注射以后，另一次是你熟睡以后，任何力量都不能动摇你，一点情况都没从你的嘴里泄露出来。现在，你应该养精蓄锐，打起精神对付今晚的审讯。"

当天晚上，柏林来的审讯专家米勒少校对波波夫进行了冗长而有步骤的审查。他对波波夫的每一句话都要进行仔细的分析，但却从来不用威胁的口吻，表面上让人感到他在设法体谅你，帮助你更好地表达自己的意思。

这是一种使受审者不感到拘束的技巧，显然他是想用一些无关紧要的问题来宽慰对方。但是，接踵而来的则是包藏着祸心的问题。

经过6小时的审讯，米勒才对波波夫温和地说道："你看上去似乎非常疲倦。但是，很抱歉，我们还有不少情况想向你了解。刚好，我这次从柏林一个朋友那里弄了些上等咖啡，这种滋味真是赛过活神仙！咱们一人来点吧，也好把这讨厌的公事打发了。"说着，便叫军医拿来了两瓶药水，并让医生先给自己注射，然后用期盼的目光注视着波波夫。波波夫明白这是德国人在耍魔术：那支给米勒注射的药水充其量是蒸馏水而已，而给自己注射的却是测谎血浆！但事情是明摆着的：自己必须注射！想到这儿，波波夫表现出十分高兴的样子接受了注射。

不一会儿，他开始感到头昏目眩，两脚虚浮，波波夫知道是药性上来了。这时，只听米勒又问起了有关"太上皇"计划和德国双重间谍网被英方侦破等方面的问题。幸好波波夫棋高一筹，事先对此就作了防范，结果使米勒最终打消了疑虑。

审讯结束后，米勒对波波夫说道："希望你能答应我们去与古特曼取得联系，告诉他再收集些具体的情况，我们急着要，等你回到英国再收集恐怕

为时太晚了。"

这席话表明德国人认为波波夫还是可以信任的，他们可能不久就要起用他。果然，没过几天，德国反间谍处修改了卡斯索夫要他留在里斯本的计划，要他尽快回到伦敦去领导那里的间谍小组，并给他提供了一笔相当数目的奖金。

1944年5月上旬，是一个史无前例的伟大剧作，诺曼底登陆和反登陆作战，即将上演前彩排的日子。对德国情报机关而言，他们要求的情报提纲越来越多、越来越细。

波波夫发的"情报"当中，提纲中的答案得认真编造、仔细研究，务使它们与盟军的战略计划相吻合，并能取信于德国。必须通过电台发出新的情报，使盟军已经塑造好的强大的战斗序列形象更加伟大壮观。每一个为自由而战的双重间谍人员都以高昂的情绪工作着。

一遍又一遍地进行情报的检查与校对，使之互相协调，百分之百地保证不出现一个漏洞。然而，有时人们却经常出容易被忽略的细节性的错误。正是这种错误，使波波夫领导的间谍网遭到了毁灭性的打击。

5月中旬的一个深夜，军情六处的联络人塔尔和威尔逊急匆匆地赶来对波波夫说："达斯科，艺术家（约翰尼的化名）已被捕，听说是与金融走私有关。但德国人已经查到了他的通讯册。总部希望你趁敌人还未发觉，赶快回里斯本通知其他人员转移，然后潜逃到比利时，我们到那里接应你。"

听到这个消息，波波夫禁不住一阵晕眩。"约翰尼是不会被突破的。"波波夫说。

"达斯科，我们不可能心存侥幸。"威尔逊说，"委员会已决定停止你们小组的行动。"

波波夫也本能地感到，其他潜伏在德占区的谍报人员都会被德国人逮捕，严刑拷打，直至用各种卑鄙的手段结束他们的生命……于是，波波夫星夜兼程地赶到里斯本，立即停止了"三驾马车"的活动，并组织外围成员逃亡。后来，约翰尼并没有供出小组的秘密，事实证明波波夫的预感非常正

确。

几乎在"三驾马车"停止活动的同时，纳粹德国对在欧洲的谍报人员进行了大肃清。在诺曼底登陆、法国大部国土解放后，就连波波夫本人在回到英国的营救过程中也险些被纳粹抓获。

很快，纳粹的统治在大炮声中土崩瓦解了，作为插入敌人心脏的一把利刃，"三驾马车"的工作也彻底结束了。

1947年，休假中的波波夫在第二次世界大战中的功绩被英国谍报机关承认。同年，他获得了英帝国勋章。战后，波波夫拒绝了在军情局担任高位的工作，选择了退役——无论是对于一位苦战5年身心疲惫的老间谍，还是对风流倜傥的公子波波夫，这都是一个正确的选择。

谍海幽灵

第二次世界大战主要间谍

转败为胜的密码本

　　日本偷袭珍珠港之后5个月，美军出动20架轰炸机对东京等日本大城市进行了成功的轰炸。几个月后，美国又袭击了日本联合舰队司令长官山本五十六的座机，成功地猎杀了山本。为何在珍珠港劫难半年之后，美军能够屡战屡胜，难道美军有什么法宝吗？答案是肯定的。美军转败为胜的秘密武器，原来是一本来之不易的红色密码本⋯⋯

击毁潜艇
获取红色密码本

1942年4月18日，波涛汹涌的太平洋战区。

距日本海岸500海里的大洋深处，伴随着雷鸣般的声音20架Ｂ－25轰炸机从美军航空母舰升入云层，然后，直扑东京等日本大城市。

美军实施的这次成功的轰炸，距日本偷袭珍珠港仅仅隔了5个月。日本朝野震惊了，他们担心的事情终于发生了。

"4·18"轰炸虽然造成的损失并不大，但东条英机已深感美军航空母舰的威胁。

在东条英机的命令下，日本开始了攻占中途岛的作战计划。5月27日，日军8艘航空母舰、8艘战列舰、22艘巡洋舰、65艘驱逐舰、21艘潜艇，计200多艘舰船和大约700架战机，浩浩荡荡地从广岛向中途岛战区进发。

中途岛位于檀香山西北约1900千米处，地处太平洋东西两岸的中途，战略地位十分重要。很显然，中途岛在美国人手里，就是美国海军、空军重要的前进基地；如果在日本人手里，就是日本海空军巡逻的前进基地，也就等于扼住了整个太平洋。

刚刚取得了偷袭珍珠港辉煌胜利的山本五十六，在他的司令部里正做着重演珍珠港胜利的美梦。然而，他怎么也没想到，他正在把他的舰队一步步推向死亡的深渊……

就在几个月以前，1942年1月，日本一艘名为"伊－124"的潜艇完成了海上布雷任务后，在南太平洋澳大利亚的达尔文港外遇到了台风。几经左冲右突，却未能脱离险境，偏偏此时潜艇的发动舱又发生了机械故障，在内外

交迫的无奈下，它竟稀里糊涂地闯进了一片浅水区。

美军的海上巡逻舰发现后，一阵穷追猛轰，"伊-124"潜艇终于葬身海底。

美军很快报道了日军潜艇被击沉的事件。也许是日本海军舰队太庞大了，一艘布雷艇算不得什么，日方并未做出反应。

对美军来说，似乎"击沉"也就意味着"结束"了。若在刚发生的珍珠港事件之前，兴许更会是这样。

然而，这次美军却似乎意犹未尽。那艘胜利的巡逻舰非但不急于离去，而且不停地在沉舰水域来回巡逻。

3天以后，美军一艘名叫"霍兰号"的潜水母舰秘密开进了达尔文港。麦克舰长一声令下，第一批9名潜水员很快查遍了艇舱，一批文件资料和大量的个人物品堆满了"霍兰号"的甲板。

麦克舰长只看中了一本"伊-124"构造分布图，对其他的则很不感兴趣。在对潜艇分布图资料进行了一番研究后，第二批7名潜水员又下海了。他们按照麦克舰长指示的路线，把指挥舱内底朝天地"筛"了一遍，却一无所获。

就在准备返回时，一名潜水员在一条狭窄的过道中被一具日军尸体绊了一下，觉得脚尖有点异样，返身一摸，从死者的怀中掏出了一个小铁盒，便随手带了上来。

小铁盒装的是日本海军正在使用的红色"J-25"密码本——这也是"霍兰号"千里迢迢赶来的唯一使命。

"红色钥匙已经找到。"一串电波飞向太平洋舰队司令部，随即，一架海军专机从达尔文港直飞珍珠港。从此，厄运降临到了日本海军的头上。他们自己制订的对付敌人的秘密，成了葬送自己的死亡密码！

而这本红色的密码本，对美国来说，则是他们在密码战中"觉醒"的一个重要标志。

如果说偷袭珍珠港是日本海军情报的一次辉煌胜利，那么美国人痛定思

痛，从此开始了在密码战中的反败为胜。

以研究日本间谍秘史著称的英国理查德·迪肯在他的著述中这样写道：

在"珍珠港事件"前夜，英国情报局有一个名叫达斯科·波波夫的双重间谍，掌握了日本人的偷袭计划。但当他把这一重要情报通知了美国联邦调查局局长埃德加·胡佛时，这位局长大人注意的不是情报，而是波波夫的人品，说他是一个"不道德的堕落分子"。

当有人请他对此做出解释时，他喊道："请您看看他电文上的那个神圣的署名吧：三驾马车！这就是说，他喜欢同时和两个姑娘睡觉！"

潜水员在水下搜寻资料

　　就这样，一个如此重要的情报，竟被专管情报的局长随手扔进了废纸篓！

　　而珍珠港事件后，美国国会专门委员会的一个小组在报告中这样说："破译日本的密码电报，远比从正常渠道了解他们的消息来得重要。"

　　这种近乎幼稚的"发现"，被人讥讽为"奇怪的断言"。

　　但不管怎么说，美国人正在纠正自己的这一失误。

　　事实上，1942年，美国就成立了由麦克阿瑟将军领导的情报协调局，英国人则在密码破译方面给予了美国许多帮助。很快，美国人在这一技术上有了长足的进步。

破译电文
猎杀最高司令官

中途岛，有备无患。

美军太平洋舰队司令尼米兹海军上将首先给岛上增调了作战飞机，还派了鱼雷艇担负岛岸沿海巡逻，并随时准备投入夜袭，还在沿岛布置了3条弧形潜艇巡逻警戒线。

在海上，尼米兹上将则摆开了海上伏击的阵势：组编两支特混舰队，都以航空母舰、巡洋舰为主，赶在日军到达以前，进入中途岛东北方海域等待战机，准备对毫无察觉的日本航空母舰编队侧翼进行突击。

这其实是一个反偷袭的阵势，一个洗刷珍珠港耻辱的阵势。准确地说，美军是按照日本人的方案不慌不忙展开厮杀布局的。

如果说，破译密码使美国人一天一天变得聪明起来的话，那么，不相信对手竟能破译自己密码的日本人，对自己的"密码"十分保密的想法过于天真了。

研究日本情报的专家戴维·卡恩曾指出："日本人对他们编制出的那种晦涩难懂的密码文字过于自信，以为是天书难懂，并且没有任何一个外国人能够准确地翻译出来，这在开始是对的，并且说明后来成了首相的东条英机将军何以那么安心。"

时至今日，连日本人自己也承认这一点，历史学家伊藤正就这样说："美军最高司令部对于中途岛作战计划的情报和日本参谋本部掌握得几乎一样多，但他们却放松了防务措施。海军被通过中途岛发出的无线电报、雷达干扰，以及各种情报搅昏了头脑。"

　　事实正是如此严酷。美军搜寻到的"伊-124"艇上的"J-25"密码本，约有四五万个5位数的数码组。这是日本的密码"正本"，使用周期长；同时配有一本经常更换的也有四五万组的乱码。发报员发报时要随便加上几组乱码，其中一组告诉对方所用密码本的页数、段数和行数。也就是说，如果不是拿到密码本，仅靠破译技术的确是很难译的。

　　美军太平洋舰队的特别情报组组长是罗彻斯特上校。有一段时间，他们从截获破译的日军情报中察觉了日本海军正在准备一场大战役，但是作战的确切进攻地点尚未搞清，只知道许多电报中都出现"ＡＦ"两个字母。

　　显然，"ＡＦ"在电文中是进攻地点的代号，但代表何处却是个谜。

　　罗彻斯特从堆积如山的情报中，把关于"ＡＦ"的电文全部调出来进行彻夜研究。他发现，"ＡＦ"有时是作为目的地，有时又作为需要特定装备的地点，特别是3月份的一份电报称，日本水上飞机攻击珍珠港时也曾使用过"ＡＦ"，这就意味着阿留申群岛、夏威夷或者中途岛，这几个地方有一处

美军航母特混舰队 ⊙

就可能是"ＡＦ"。

思维之网一张开，罗彻斯特的脑海里电击似的来了灵感，他立即派人找来一份刚刚缴获的日军太平洋海图，眼光集中在了中途岛上。

终于，罗彻斯特发现了一个秘密，在中途岛的交叉点上有两条坐标线，横线的一端标明"Ａ"，纵线的一端标明"Ｆ"。"就是它！"

罗彻斯特为自己的发现情不自禁地欢呼起来。尼米兹上将亲自听取了罗彻斯特的研究报告。面对喜形于色的属下，尼米兹不动声色，他站在窗前沉思良久，突然转身对罗彻斯特命令道："发报：命令中途岛守军司令部，用明码向舰队司令部发出岛内严重缺水的电报。"

正在紧张待命的罗彻斯特立即明白了司令长官的意图，这也等于是对他的研究成果的一种鼓励。他"啪"地一个立正："是！"

第二天，中途岛守军向太平洋海军舰队司令部发报："此处淡水设备发生故障，供水困难。"

两天后，全神贯注侦听日方通信的情报人员，终于收到了一份向日本海军总部报告"ＡＦ"淡水供应短缺的电报。

日本人上当了。"一桶淡水换来了无价的'ＡＦ'的作战秘密。"尼米兹上将也不无开心地说。现在"鱼儿"正冲着钩不知死活地冲过来。

1942年6月4日清晨，日军在中途岛西北200海里水域发起攻击，108架舰载飞机编队突袭中途岛。然而，这与日本半年前偷袭珍珠港的场面大不一样，甚至完全出乎日军的意料。空袭来临时，中途岛美机已全部升空待敌，分成几个梯队拦截日机。而5批美军岸上基地飞机和美舰载飞机近200架，则径直扑向日舰上空实施轰炸。战斗打得异常惨烈！

美军41架打头阵的鱼雷机，遭到日军舰炮和战斗机组织的密集火网的阻击，损失惨重。正当日军"击败"美机得意忘形之际，50架由轰炸机组成的美军突袭机群从云层中突然飞出，几乎是垂直地向日军航空母舰俯冲投弹，"赤城号""加贺号""苍龙号"先后在烈火和爆炸中葬身海底。遭受重创的"飞龙号"也于次日沉没。

珍珠港劫难半年之后，美军终于在中途岛报了一箭之仇。而这次战役的胜利，也被美国军界称之为"情报的胜利"。

这一胜利的意义，不仅使美军夺回了海上作战的主动权，而且也扭转了太平洋战场的局势。

虽然日本海军遭到接二连三的失利，却没有一丝反思的迹象。相反，他们对"死亡密码"似乎愈来愈漫不经心了。

1943年4月17日上午，美国海军部长诺克斯宽大的办公桌上，一份来自珍珠港的电报静静地躺在那里："ＧＦ长官定于4月18日前往视察巴莱尔岛、肖特兰岛和布因基地。具体日程安排是：6时乘中型轰炸机从拉包尔出发；8时到达巴莱尔；然后转乘猎潜艇，8时40分到达肖特兰……14时离开布因；15时40分返回拉包尔。若遇恶劣天气，视察顺延一日。"

海军情报机关由于手中有了"Ｊ－25"红色密码，早已知道"ＧＦ"指日本联合舰队司令长官山本五十六。对于日本司令长官在战时日常事务安排的电报，属于"例行公事"。诺克斯草草看过之后，随手把电报往桌上一扔，就去参加罗斯福总统的中午聚餐了。

罗斯福总统举行这种"工作餐"的意图，无非是为高级将领们提供一个交流情况的机会。席间，将领们自然还是谈论太平洋战争局势的话题。

诺克斯想起刚刚看过的那份电报，随口说道："明天早晨山本要去肖特兰视察。"

谁知刚才还有点漫不经心的诺克斯，此刻话一出口，大脑随之电光石火般地产生了一个奇想。他放下刀叉，伸出宽大的右手，一掌击在餐桌上："对！拦截山本，干掉他！"

山本是珍珠港惨案的策划和指挥者。报仇雪耻，成了美军众将领的共同心声。此时的罗斯福总统一边静静地听着将领们的谈论，一边也在快如轮转地思考着这一计划的可行性，见将领们的意见如此一致，便点头表示同意。

于是，代号为"复仇"的战斗计划就在总统的餐桌上敲定了。

山本的僚属们对司令长官的冒险出巡都不赞成，第十一航空舰队司令

官城岛高次海军少将专程从他的防区肖特兰岛赶来劝阻，他一见山本，开口就说："一看见那份荒唐的电报，我就对参谋说，在这样风云变幻的前线，怎能把长官的行动计划用如此冗长详细的电文发出来呢？只有傻瓜才会这样干，这太愚蠢了，太愚蠢了，这简直是在公开邀请敌人！我决不允许在我的司令部里出现这种不计后果的事。"

但是刚愎自用的山本办事一向富有赌博精神，讲究的是出手无悔，对自己所决定的事，绝不肯轻易更改。

4月18日，日本时间早晨6时，山本五十六的座机准时从拉包尔的拉库纳机场起飞。他只是接受了僚属的一条建议，没穿雪白的海军制服，而是穿了一套绿色的军便服，戴着白手套，挎着山月军刀，从容地走上了座机。

美方把"复仇"任务交给了第三三九闪电式战斗机中队，中队长约翰·米歇尔少校经过精密的图上作业，把时间精确到恰到好处。

是日，正当山本在拉包尔享用早餐的时候，米歇尔率领的16架战机已悄无声息地飞行在布干维尔岛的绿色海岸线上。两小时后，即9时33分，机群到达了预定空域，此时比预定时间提前了一分钟。他们隐蔽在厚厚的云层中，急切地在空中搜索他们的猎物。9时34分，山本的机队如期而至。米歇尔一声令下，16架飞机犹如饿虎扑食般冲了过去……

太平洋战争时期这一戏剧性的历史一幕，前后只用了短短的3分钟时间。

"复仇"机群胜利凯旋，米歇尔少校收到了总部的贺电："在猎获的家鸭中，似乎夹带着一只'孔雀'。"

当然，美军的这一报告是在东京广播正式宣布山本死讯时才得到最后证实的。山本五十六的覆灭，似乎才让日本回过一点"味"来。他们百思不得其解：山本出巡的日程何以泄露出去的？他们开始怀疑自己的密码出了某种问题。为证实他们的猜测，日本情报人员又草拟了一份草鹿任—司令官要到前线视察的电报，以试探美国海军的反应，但美国人并没有上当，一副不理不睬的架势。与此同时，米歇尔和他的中队，照例在布干维尔岛附近巡逻，一副偶尔为之的假象。

于是，日本人又一次犯下了自欺欺人的错误——他们相信自己的密码还是可靠的。美国的这一机密一直守到战后。所有与行动有关的人员都被严肃地告知不得泄露半点风声，就连击落山本五十六的兰菲尔特的立功勋章、晋升军衔的仪式，都是秘密进行的。

偷袭珍珠港侥幸成功使山本五十六的声誉在日本国内达到顶峰，山本自己也飘飘然以功臣自居。实际上，作为一个最高军事指挥官，如果真正仔细反思，就会发现这是一个最大的战略决策错误。

而在他指挥进攻中途岛海战的全过程中，无论从战略决策、军力部署、作战计划、战斗指挥以及仓皇退却等任何一个环节来分析，都犯有严重的错误，致使日军的局部绝对优势变成劣势，这已是不争的事实。真是成也密码，败也密码。

当年池步洲破译了日军偷袭珍珠港的密码，可惜，当年这份密电由蒋介石交给了美国总统罗斯福后，美国人不相信中国特工的水平，于是导致了一场灾难的发生。

几个月后，日本人又太过于相信自己的密码了，以至于把自己的英雄送上了不归路。正如美军上将尼米兹所言：

> 对日本不幸的是，美国通过破译日本的无线电密码，掌握了山本长官乘飞机到布干维尔岛的详细计划。考虑到山本长官一丝不苟的性格，我们从亨德逊机场派出了一个续航距离长的战斗机队，在山本座机飞近着陆机场时，按计划准确地将它击落了。

尽管日本人难以接受这一难堪的事实，但也只能把他们自己亲手酿造的苦酒，和着悔之不及的泪水囫囵地强咽在自己的肚子里。

САХАРОВСКИЙ

ДВАЖДЫ ГЕРОЙ
СОВЕТСКОГО СОЮЗА
МАРШАЛ СОВЕТСКОГО СОЮЗА
МОСКАЛЕНКО
КИРИЛЛ СЕМЕНОВИЧ
1902-1985

谍海幽灵

第 二 次 世 界 大 战 主 要 间 谍

格鲁乌王牌特工

  "格鲁乌"是苏联武装力量总参谋部情报部的简称，是一个神秘而强大的情报组织。二战爆发后，格鲁乌的国外谍报网收集了大量极有价值的情报。在这些谍网的分支中，存在时间最长、影响最大的，是"多拉"情报网。这个情报网的负责人就是王牌特工拉多。拉多情报站为苏联反法西斯战争的胜利立下了汗马功劳。然而，这位王牌特工却在胜利后蒙冤入狱……

组建情报网
刺探德军军情

要了解尚多尔·拉多，就不能不先了解格鲁乌。"格鲁乌"是苏联武装力量总参谋部情报部的简称，是一个神秘而强大的情报组织，有一个同样神秘而强大的间谍统帅——戈利科夫。

提起苏联庞大的情报系统"克格勃"尽人皆知，但格鲁乌却鲜为人晓。这是苏联情报系统中最隐秘、埋藏最深的军事情报机构，即便是"克格勃"和苏联政权机构的一般官员，对格鲁乌也没有全面的了解。

自成立以来，作为庞大的苏联红军的耳目，格鲁乌在苏军参与的所有军事行动中均有不凡的表现。即便在苏联解体之后，俄罗斯联邦军队的情报收集依旧要依靠格鲁乌的余脉。

格鲁乌成立后，迅速发展起庞大的国外谍报网。这与当时的客观条件及其所承担的任务密切相关。当时有利的客观条件是：十月革命后，苏联中央地区就有400多万外国人，分别来自德国、奥地利、匈牙利、波兰、捷克、朝鲜、塞尔维亚等。这些人大多数是战俘和难民，其中有30多万人报名参加红军。更何况，这些人本身就是忠于马克思主义的，不需要招募和审查，军事情报部门只要对他们进行一些技术训练，他们就可以成为具有良好身份掩护的间谍。

其次，十月革命后，上百万的旧沙俄移民分散到世界各地。他们的主要成分是沙俄的王公贵族、白俄军官、资本家、地主等，因为害怕苏联红色政权而逃往世界各地。这些外逃移民也为格鲁乌的派遣提供了得天独厚的条件。经过训练的间谍只需要伪装成前沙俄资本家的身份，就可以顺利地随着

移民洪流进驻到英美等资本主义国家。这些获得当地永久居留权的苏联侨民和外籍苏联人，后来也成为苏联谍报机关布设谍报网的依托条件。

除此之外，20世纪30年代的国际形势对格鲁乌招募和发展间谍也极为有利：共产主义运动在全世界获得了广泛的同情和支持。在西欧不少大学里，研究共产主义成为一种时尚，并把苏联看成新型社会制度的样板。

格鲁乌抓住这一时机，成功地在西方一些国家中招募了一批间谍。其中比较著名的有20世纪30年代在英国剑桥大学招募的菲尔比等四人，后来被人们称为"剑桥四杰"。其中，菲尔比在英国情报机关官至处长，为苏联效力达30年之久，提供了大量军政机密情报。

格鲁乌的主要间谍学校，设在莫斯科人民军事大街上一座像博物馆的建筑内。这是一座用希腊柱装饰起来、隐藏在高大铁栅栏和浓密白桦林后面的楼房。它对外的正式校名是"苏联军事外交学院"。

在苏联国力军力日益强大，逐渐傲视欧洲的时候，灾难突然降临。20世纪30年代，斯大林发动了大清洗，包括当时的格鲁乌首脑别尔津在内，大批优秀情报军官被杀。苏联红军情报机构几乎被整个摧毁。

由于情报机构瘫痪，1939年至1940年苏联红军发动苏芬战争时，士气低下、人员松懈的格鲁乌没有提供任何有价值的信息，就连芬兰军队装备了冲锋枪这么简单的情报都没有弄到。苏

精通五国语言的拉多

105

军在苏芬战争中受到严重挫折。

所幸的是，格鲁乌情报系统的中下层——派遣内外的间谍躲过了大清洗。随着德军进攻法国，日益严重的战争迫使苏联重新重视军事情报。

1940年6月，菲利普·戈利科夫被任命为总参情报部部长。在戈利科夫的领导下，格鲁乌奇迹般地复活起来，很快成为一支卓有成效的军事力量。在这位复兴干将的努力下，格鲁乌的国外谍报网重新启动，收集了大量很有价值的机密情报。

战争开始后，经斯大林批准，戈利科夫以苏联军事代表团团长的身份率领大批军政要员去国外，恢复战争开始后被切断的秘密交通线和谍报网。他先后去了英国和美国，官方使命是采购武器装备。

当然，作为高级特务，在公开身份之外，戈利科夫利用这次访问，与在德国占领区的苏联间谍取得了联系，并布置了任务。

这个新的间谍网包括了几乎所有的德国占领和控制地区，其中包括：由戈利科夫选中的谍报天才特雷帕尔一手组建的德国本土情报网，在1941年底特雷帕尔被捕后的"红色乐队"情报组织，以及在瑞士的"多拉"情报网。

在这些谍网的分支中，"红色乐队"处于纳粹的重重围捕中，常常疲于奔命；存在时间最长、影响最大的，还是"多拉"情报网。

尚多尔·拉多是匈牙利人，在第二次世界大战爆发前，他就是匈牙利著名的地理和地图学家，精通德语、匈牙利语、俄语、英语和法语。

拉多是1918年匈牙利"秋玫瑰革命"的积极参加者，并加入了匈牙利共产主义政党——匈牙利社会党，受雇于共产国际的情报部门。他多才多艺，谈到数理化便滔滔不绝，在做间谍的时候尤其擅长与别国的科学家、工程师交流，可以很快就和这些学者们找到共同语言。

由于瑞士是中立国，所以多拉情报网的组建较为顺利，也比较安全。而第二次世界大战中，瑞士与纳粹德国有着密切的经济、政治联系，因此对在瑞士的德国人进行渗透，也能获得极有价值的军情。

1938年，拉多开始负责建立格鲁乌在瑞士的情报组织。接手情报站之

初，拉多就显示了不同寻常的魄力，他决心以瑞士为基地，将情报的触角伸向瑞士之外。拉多的情报员以瑞士公民身份，不断向柏林、巴黎、布鲁塞尔等地成功渗透，获得了数量极大的情报。

拉多具有的扎实理工科基础，在窃取科技情报的过程中起了决定作用。他对前沿科技敏锐的感觉、对科研机构的熟悉，都使他在工作中如鱼得水。

1942年中期，苏联发现美国、英国和德国都在进行核研究，而苏联对此了解甚少。于是，莫斯科指示格鲁乌的情报机构，迅速搞到铀问题的情报，并指示："速查明：什么方法可实现铀元素链式反应……搞清楚物理学家海森堡在何处和博拉实验室物理学家的名字。"

一个月后，拉多给莫斯科回话："已查明，用中子攻击同位素铀235可使这种原子核爆炸，并发展到三四个能量单位……他们落在铀235新核子上，又会发生新的爆炸。这些连续爆炸被称为链式反应。"这是苏联获得的最早一份关于核爆炸原理的书面文字。此外，拉多还搞到了浓缩铀的相关情报，并在电文中提到："德国人在利用铀同位素的密度差别，进行回旋加速器的试验。"

7月初，拉多再次向莫斯科通报："莱比锡的物理学家海森堡已不再进行铀原子轰击试验，因为德国人已不信任他，并把他排挤到独立研究的大门外。这项工作已交给物理学家季赫茨。巴黎的乔利奥教授和其妻子正在夜以继日地研究原子分裂问题，苏黎世的海尔鲍教授也在致力于这项工作。"

在正式的情报发送完毕后，拉多又自作主张地添了一句："我估计，德国人不会有什么进展。"

在第二次世界大战结束后，美国原子计划参加人、诺贝尔奖获得者汉斯·贝特才评价说："德国人想建核反应堆的计划，在1945年之前只能艰难地走过一半的路程。"

因为要想制造出原子弹，一个可以运行并测量裂变数据的反应堆只是最初的一步，反应堆之后，还有五分之四的工作需要完成。纳粹德国直至第二次世界大战结束都没有建成一个可运行、测量参数的反应堆。

拉多窃取纳粹德国科技情报到了登峰造极的地步。德军尚未正式装备，拉多的助手就窃得了德国最新"虎"式坦克的情报，甚至包括其生产量和投入东线日期；查明了德国工厂生产用的毒剂型号，还搞到了毒剂配方。

在德军一线部队还未装备STG44突击步枪的时候，拉多就已经将STG44的资料和步枪弹的样弹送到了苏联军事领导的办公桌上。除了窃取德国科技情报，多拉情报站还担负着收集盟军科技成果的任务。

在第二次世界大战时，出于反法西斯同盟的立场，英国和美国的军工厂和实验室的大门为苏联敞开着，从坦克、航空发动机到战列舰的火控系统，英美都表示愿意提供。但拉多想得到的不止这些。

在公开身份的掩护下，拉多到底干了些什么，收集到哪些具体机密，至今仍没有完全解密。但苏联解体后逐渐散出的秘密资料显示，拉多通过在瑞士的欧洲物理研究中心、航空公司等机构，将目光瞄准了美国核物理研究、喷气式发动机的理论研究，以及大型航空母舰的技术。

拉多从公开和秘密渠道双管齐下，与工厂经理、科学家、工程师们进行广泛的合法接触，讨论科技方面新的发明和先进工艺，从中获取了大量科技和工业情报。与此同时，他还进行了大规模的秘密窃取活动。

据美国情报专家估计，在1941年至1945年期间，苏联派驻美国、瑞士的情报人员以及在当地招募的下线科技情报员达数百名。这些人窃取了大量美国先进技术，对苏联的科技发展起到了巨大作用，尤其在原子科学方面，为苏联节省了巨额经费和数年时间。另据估计，这些科技情报员在第二次世界大战期间和第二次世界大战结束后，从美国获得的核武器机密包括：链式反应方程，反应堆基本布置图，浓缩铀工艺流程和设备图纸，枪式原子弹和内爆式原子弹的设计图。

在第二次世界大战结束之前，由于人力、资源紧缺，苏联一直没有正式启动原子弹的研究工作。但从1946年至1949年，短短3年间，苏联就完成了从零开始到原子弹的设计和试验的过程，研制费用也比美国曼哈顿工程低一个数量级。如果苏联没有从美国、英国和加拿大窃取到的那些情报，自己摸

索、重复曼哈顿工程的路子，会需要10年或更长时间才能达到美国在1947年的水平，但实际上，苏联在1949年就成功地爆炸了第一颗原子弹。

这其中，多拉情报站功劳不小。在盟军的军事情报收集方面，多拉情报网还利用种种特殊的手段，获悉了大量英美盟军的作战计划。

在1942年和1943年，苏德战场上，苏军出现了短暂的困难，被迫一再要求英美盟军出兵，提前开辟第二战场。而美国和英国此时对苏联的要求以外交辞令敷衍，声称将在1942年开始在欧洲本土登陆作战。

此时，拉多的情报网准确获取了英国所谓"欧洲登陆战斗"的详细计划：实际上并非丘吉尔所说的开辟第二战场的大规模登陆，而只是一个加拿大步兵团和部分英国特种部队的试探性登陆。

苏联外交高层在获得这一消息后，立即在盟军峰会中对英美的敷衍态度进行了批评，从而取得了外交上的优势。此事件可看出，谍报工作不仅是针对敌人，对盟友的情报收集也至关重要。

1941年6月17日早晨，一封来自日内瓦的译电放在了情报部长戈利科夫的办公桌上。多拉情报站向格鲁乌总部发报："德国军队集团正向苏德边界增兵，并完成了从希腊向波兰的兵力投送。21日黎明时分，希特勒匪徒越过了苏联边界。苏联的无线电员和德国无线电反间分队的斗争早已拉开了帷幕。"

在格鲁乌接收到情报的同时，设在瑞士的纳粹情报站也监听到了电波。而在更早的时候，这样类似的电波也屡屡出现，最初是两人，尔后变为3个身份不明的无线电通信员。纳粹德国党卫军的舍连别格将军深信，他们是在为莫斯科工作。他发誓，一定要消灭这个"红色三套车"。

的确，拉多手下有3个无线电员，一对瑞士夫妇——爱德华和妻子奥莉加从日内瓦发报，一个英国人亚历山大·福特（吉姆）在洛桑工作。德国入侵苏联之前，经验丰富的尚多尔·拉多已建立了两条与莫斯科联系的通信线路。他们的工作准确无误，畅通无阻。

战争一开始，拉多的侦察情报就源源不断地流向莫斯科。他亲自吸收一

位22岁意大利姑娘玛格丽特·博利作为联络员和报务员，并指示日内瓦的无线电工程师兼无线器材店老板为姑娘组装一部电台。

由于这个姑娘很漂亮，因而上级称其行动代号为"罗扎"（俄文意为"玫瑰"）。后来苏联总参谋部评价尚多尔·拉多情报组的工作时，几位专家甚至称第二次世界大战是在瑞士赢得的。在瑞士，虽然党卫队和盖世太保的行动比在德国收敛，但尚多尔·拉多承受着巨大的工作压力。他几乎每天都要同组员碰面，接受情报，下达指示，亲自处理汇总所有事情。

他的无线电员每天都要进行几个小时的无线电收发工作。但发报越多，被破坏的危险也就越大。莫斯科理解这一点，但却无法改变现实：总参谋部需要有关德国最高统帅部向东方战线部署兵力的精确情报。

在拉多提供的海量谍报背后，更为传奇的是：在整个战争期间，即使是格鲁乌总部，也不知道拉多的情报是在什么地方用什么手段搞到的，情报站的主要下线情报员都是谁，在德国何处任职。

作为一名老练的间谍，拉多深知情报系统单线联系的必要性，许多情报员只以口头联络和凭借记忆进行情报交接，而依照他的行事风格，情报员又与各自的下线保持单线联系，就连拉多本人，也无权知道下线的下线情报员姓名和职务。莫斯科多次要求拉多查明被招募的下线间谍的真实姓名，原因只有一个：格鲁乌总部需要知道这些情报员的消息是否可靠。

拉多则回答莫斯科说："要搞清楚情报员的真实身份'不太可能'，但我能保证这是真实的、有价值的情报。"

发展谍报员

渗透到纳粹心脏

　　1942年8月，尚多尔·拉多决定扩大谍报队伍，将谍报网渗透到希特勒的心脏。"多拉"小组女特工拉舍尔·丘宾多费尔吸收了自己的熟人赫里斯蒂安·施奈德。他们于1935年相识，同在瑞士国际劳动局工作。此后施奈德（代号泰洛尔）又发展了好友鲁道夫·列赛尔——一个德国人，他原在柏林工作，纳粹上台后他逃到了瑞士。鲁道夫住在瑞士小城卢塞恩，开办了一个书店作为掩护。此人神通广大，并与瑞士情报机关积极合作，瑞士军队总参谋部还发给他一个特别证件，上面写着："请各机关和个人给鲁道夫以援助，以便完成使命。"

　　早在柏林时，鲁道夫就与德国外交部和军界的高级官员保持着友好关系。当希特勒对欧洲开战时，柏林的反法西斯战士通过鲁道夫向瑞士、英国和美国通报了希特勒的战争计划。1942年9月，希特勒行政当局中的一些反法西斯人士开始与苏联情报机关秘密接触。通过这一渠道，大量重要情报从柏林流向苏军情报部，并形成了一个链式谍报网：柏林负责人——鲁道夫（代号柳茨）——施奈德——丘宾多费尔——组长拉多——莫斯科。鲁道夫向直接联络人提出一个合作条件：与莫斯科联络的一切信函中，柏林人员均用假名。被招募的德国间谍分别是：维尔杰尔、安娜、特迪、施陶芬贝格。

　　格鲁乌总部多次要求拉多提供这些情报下线人员的姓名和职务，但拉多死不松口，坚持自己不需要知道，也不需要让上级知道。最后，格鲁乌欧洲局只好无奈地批文："暂停身份验明工作。"

　　1944年，尚多尔·拉多获悉德军一些上层军官对希特勒的愤怒已达到极

点，他指示在能够接近元首的军人中物色一个反法西斯人士，寻找机会干掉希特勒。于是，这项艰巨的任务落在了施陶芬贝格上校的身上。

1944年7月20日这天，希特勒决定在他的东普鲁士腊斯登堡"狼穴"——元首大本营内召开会议。当希特勒正在侃侃而谈之时，坐在他身边的施陶芬贝格上校将一个内装有定时炸弹的公文包放在座椅下，并悄悄地离开了元首大本营。随着一声巨响，临时建立的会议室的墙壁和窗户被炸毁。可是，希特勒却像幽灵一般逃出了死亡陷阱，只是被爆炸产生的冲击波轻轻震伤……

在盟军与苏军抢夺情报的暗地竞争中，拉多永远走在前面。截至目前人们还不清楚，在战争年代美国和英国情报机关与苏联红军情报局共同分享由瑞士发出的柏林情报比例究竟是多大。但人们已知，美国中央情报局前局长杜勒斯对苏军情报部的战果十分羡慕。他在《情报艺术》一书中写道："鲁道夫在瑞士成功地窃取了德国最高统帅部的最高机密，遗憾的是大多都落在了斯大林手中……"

红军总参情报部第二局对尚多尔·拉多的特情组评价更为精确："拉多小组的情报网广大无边，能力无限。十分令人满意。"

希特勒蜡像

第二次
世界大战
主要间谍

功臣遭冷遇
身陷囹圄十余年

1943年年初，德国党卫军将军瓦德尔·舍连别格充分掌握了"红色三套车"无线电员的活动情况。1943年8月，应个人邀请，瑞士警察总头目毛勒出访柏林。舍连别格将活跃在瑞士领土上的3个电台的专案文件摆在来客面前，并要他快速缉拿案犯。舍连别格的态度十分强硬。他称，这些无线电员如继续活动，将给德瑞关系蒙上阴影，瑞士的独立也将受到威胁，一切后果将由瑞士自负。在德国的威胁下，瑞士被迫采取行动。

由特雷尔中尉指挥的瑞士警方特种无线电分队，迅速展开侦破工作，搜捕"红色三套车"成员。9月9日，多部车载测向仪出现在日内瓦的大街小巷。经过反复切断该街区的供电系统后，他们查明有一个身份不明的无线电员正在佛罗里桑大街的一处住宅里发报，这里正是无线电器材店老板爱德华和夫人奥莉加的住处。9月25日，罗扎的电台方位被测定，爱德华和罗扎的住宅被警方监控起来。尽管警察局对监控行动采取了隐蔽措施，罗扎还是发现了室外有一些形迹可疑的人，并向拉多汇报了情况。

拉多命令他们暂停发报，同时指派爱德华取走罗扎住宅中的电台。10月10日，拉多向莫斯科通报了可疑情况。但随后形势急转而下，10月14日0时，奥莉加向莫斯科例行发报。1时30分警察破门而入，一架刚刚发报完的电台，几封收发电报和密码簿被警察缴获。

在抓捕"红色三套车"成员的行动中，瑞士出动了70名警察和大批警犬，日内瓦警察局长亲自坐镇指挥，宪兵司令和警察局政治处长协助其工作。

在大搜捕中，瑞士警方在爱德华夫妇的无线电器材店里发现了罗扎的电台。黎明时分，警察冲进罗扎的住宅，但她没在家里。最后警方在她的情夫、盖世太保秘密间谍汉斯·彼德尔斯的床上抓到了她。苏联间谍和德国特务居然是情人，这恐怕是电影里才有的情节。

11月底，无线电员亚历山大·福特、西西及丈夫鲍威尔，鲁道夫·列赛尔和其他几名成员先后被捕。随后，决定他们命运的不是战时法则，而是大政治原则。瑞士联邦安全局长罗热·马松上校向舍连别格通报说，瑞士政府履行了自己的职责，但瑞士当局也已明白，战争结局决定了不值得与苏联、英国和美国的关系搞僵。因此，所有被捕者均被释放，条件只有一个——战争结束前不得离开瑞士，但这一要求也只不过是形式而已。

在追捕中，尚多尔·拉多得以隐藏起来，身份没有暴露。但令他没有想到的是，第二次世界大战中纳粹的重重围捕都没能抓到他，战后却"英雄气短"，被北约控制下的瑞士政府刁难了许久。

▼ 二战时期的电台

"多拉"小组受挫后，拉多潜藏在瑞士。1944年9月，他决定和妻子叶琳娜逃往从德国人手里解放出来的巴黎。他把儿子伊姆勒和亚历山大及年迈的岳母暂留在日内瓦。一个法国少校帮他们越过了边界。带着法国游击队给他们的证件，9月24日拉多和妻子来到了法国首都。10月26日，拉多来到了苏联驻巴黎外交使团。在这个使团里有一位总参情报局的特工，因而莫斯科很快就知道了拉多的到访。中校亚历山大·诺维科夫受命与他保持联络。诺维科夫非常古板，对于拉多的情况他一点儿也不知道。

拉多认为，苏军情报部的代表肯定会像对待英雄一样迎接他。然而他却遭到了冷遇。诺维科夫建议他写一份工作总结，几天后又通知他到莫斯科进行全面总结。拉多请求推迟一两个星期，因为他还没有得到法国的居留证，但诺维科夫却坚持要他马上起程。

一天，拉多在使团的走廊上遇见了亚历山大·福特——自己在洛桑时的部下。原来，福特也在诺维科夫的控制之下。但是，莫斯科的代表并没有在自己的面前提起无线电员福特，这自然引起了老侦察员的警惕。他第一次感觉到，有人不信任他。

令他更痛苦的是，诺维科夫收走了他的个人证件，只给他一个名为伊格纳季·库利舍尔的苏联公民遣返证书。

1945年1月8日，拉多带着这个证书登上了飞往莫斯科的航班。

亚历山大·福特也乘本次航班飞往莫斯科，他们坐在不同的客舱里。拉多并不知道这事。他甚至没有料到，内务人民委员会的几个军官正在监视他和福特的一举一动。在飞机上拉多的身旁坐着一个中年男子，他自我介绍说叫列奥伯特·特列贝尔。他们很快就找到了共同感兴趣的话题。特列贝尔告诉拉多，由于"多拉"小组受挫，莫斯科将要严惩他们……

飞机沿着巴黎-马赛-那不勒斯-开罗-德黑兰-巴库-莫斯科的航线飞行。在开罗停留的一昼夜间，全体乘客被安排在"月亮公园"饭店的单间里。清晨，拉多走出饭店，要到苏联使馆牙医那里看牙。但却一去不返，也未出现在机场。机长巴布纳什维利少校向使馆秘书说，一个乘客失踪了。在

此后的几天，苏联使馆人员一直在寻找他的下落，并以官方形式请求埃及外交部副部长哈桑·利沙特·帕舍尔予以协助。埃方最终查明苏联公民伊格纳季·库利舍尔藏在英国使馆里，并向英当局寻求保护。但是，英国政府不愿破坏与苏联之间的关系，把他移交给了埃及当局。

埃及人把流亡者藏在开罗附近的外国人隔离营里。后来才知道，拉多在英国使馆里受到了军情局特工的审问。但他陈述的事实并未引起英国情报机关的兴趣。几年后，当他们得知拉多的大名时，才后悔当初放走了一条大鱼。苏联驻开罗使馆向埃及当局提交了一份人民内务委员会"专家"伪造的公诉状，称拉多是一个刑事案犯并把他弄回使馆。8月2日，拉多被押解到莫斯科，随后被"除奸党"逮捕。1946年12月，苏联国家安全部特别会议以间谍罪判处拉多丧失自由10年。

然而，拉多的苦难还不止于此，他是第一个同时受到两国法庭起诉，并同时服两份刑的间谍。在冷战帷幕升起之际，苏联多拉情报站的特工最后还是被瑞士送上了法庭。这已是战后的事情，至今还不清楚这是瑞士当局遵守民主法律意愿，还是伯尔尼与华盛顿、伦敦的一致行动，因为此时英美两国已掀起了反苏"浪潮"。

1945年10月22日，伯尔尼军事法庭以"多拉"特情组对德国实施非法间谍活动为由开审此案。西西被判丧失自由两年并处以罚金5000法郎。她的丈夫鲍威尔·贝切尔被判两年监禁。施奈德被判入狱一月。但最主要的情报人鲁道夫·列赛尔被判无罪，当庭释放。

1947年10月，日内瓦第二次开庭，已经返回祖国的尚多尔·拉多缺席，被判一年监禁。他被勒令10年内禁止访问瑞士。与他一同被审的还有无线电员福特、爱德华和奥莉加夫妇及罗扎。

1954后，拉多被释放。随后他离开了莫斯科，来到布达佩斯，妻子叶琳娜和已成年的儿子在那里等待着他。看到阔别已久的家乡和亲人，拉多知道，自己的苦难快要结束了。

回到匈牙利的拉多，成为一名地理学和经济学家，先后担任布达佩斯大

学教授、匈牙利国家测绘局处长、匈牙利地理委员会主席，在整个欧洲学术界中都享有极高声望。随着时间的流逝，人们渐渐只记得这么一个"学者拉多"，许多苏联和匈牙利的年轻人忘记了他就是曾经那个让纳粹闻之色变的间谍拉多。直至2001年1月，俄罗斯联邦总参谋部解密的资料公布，他这段传奇的间谍生涯才为世人所知。

1956年，苏联最高法院军事审判庭以"无犯罪要素"撤销国家安全部特别会议的判决。

战争中的拉多总是与勋章失之交臂。1942年5月，苏联情报部长仆伊利乔夫中将给"多拉"特情组发了一封电报，对其在战争10个月中所做的工作表示感谢，并称统帅部将给拉多呈请政府奖赏。但由于战事吃紧，苏联情报部一时无法将拉多的勋章送交他手中。

1942年10月9日，格鲁乌正团级干部处长爱普斯坦因编制了一份"为完成红军总参谋部特种任务人员呈请政府奖赏名单"。拉多因"系统性地提供绝对价值情报"被呈请授予列宁勋章。

但由于拉多不愿意向上级提供自己情报下线的姓名等资料，这个勋章在审核过程中被偷偷拿下了。与拉多同时被呈请政府奖赏的还有无线电员亚历山大·福特——"红星"勋章，无线电员爱德华和奥莉加夫妇——"荣誉"勋章。与拉多一样，他们也没有得到任何勋章。

1972年，苏联总参情报部因工作失误向拉多表示抱歉。他被授予一级卫国战争勋章。此后他多次访问莫斯科，同苏联地图学家保持着友好关系，并被授予各族人民友谊勋章。不过，拉多仍未获得列宁勋章。

1989年，尤里安·谢苗诺夫曾在致苏联最高苏维埃的公开信中，呼吁授予这位情报员苏联英雄称号，但他的呼吁不过是过眼烟云。随着苏联的解体，拉多获取最高荣誉的梦想更无法成为现实了，但他的个人功绩是不会被忘记的。

谍海幽灵

第 二 次 世 界 大 战 主 要 间 谍

夏威夷窃取"珍珠"

　　1941年12月7日，日本海军集中了一支庞大舰队，神不知鬼不觉地驶过几千海里，以迅雷不及掩耳之势，向美国太平洋海军基地珍珠港基地发动了突然袭击。仅仅两个小时的时间，就使美丽的军港变成了美军的坟墓。谁也不会知道，为这一震惊世界的事件搜集情报的，竟是一个退役的海军少尉吉川猛夫。

退伍军人
接受秘密任务

1941年12月7日，发生了震惊世界的珍珠港事件。

日本海军集中了一支庞大舰队，在极端机密的情况下，神不知鬼不觉地驶过几千海里，以迅雷不及掩耳之势，向被世人认为是世界上防御最强的美国太平洋海军基地——珍珠港基地发动了突然袭击。

仅仅两个小时的时间，就使美丽的军港变成了美军的坟墓。在这一事件的幕后，双方的情报机构，特别是日本海军的情报机构，为在战争初期压倒对方、夺取战略主动权所展开的广泛的情报与反情报活动，是导致珍珠港事件的关键原因之一。

我国古代的军事家孙子曾说："知己知彼，百战不殆。"日本的军事指挥家们深知，日本海军要远程奔袭，与实力强大的美国海军作战，必须准确掌握美太平洋舰队的各种军事情报和舰队的动向。

1941年2月，在日本海军开始制订袭击珍珠港作战计划后不久，山本五十六认为，这一袭击作战能否取得成功，十分关键的先决条件是：当日本海军特混编队的舰载机开始对珍珠港发起攻击时，美国海军太平洋舰队的主力舰只是否停泊在港内？如果美国太平洋舰队的主力舰只当时不在港内，整个作战行动将前功尽弃，后果不堪设想。

为此，日本海军情报机构于3月末，专门向日本驻夏威夷总领事馆派了一个名叫吉川猛夫的海军少尉情报官，化名"森村正"，以领事馆书记生的公开身份作掩护，重点收集、掌握美国海军舰只在珍珠港驻泊的情况，以便为日本海军适时地袭击珍珠港提供可靠的依据。

吉川猛夫1912年3月生于日本松山市，1930年中学毕业后，考入广岛县江田岛海军学校。毕业后，经过航海实习生活，于1934年8月被分配到巡洋舰"由良号"当通信密码官。

后来，他又到横须贺的水雷学校和霞浦飞行练习队深造。但学习期间由于患病，中途不得不住进东京筑地的海军医院治疗。出院后，根据医嘱，回家乡疗养。因身体健康原因，不能再到军舰上服役，最后退出了海军现役。

但吉川对海军工作怀有深厚的感情，退役后的吉川，自愿在家做宣传日本海军的工作。他开始奔波于各小学校、乡军人会、消防队之间，作巡回演说。一次偶然的机会，又给吉川带来了再次到海军服役的机会。

一天，一位海军人事部长来到吉川的家乡，做有关时局的讲话。当时，吉川身穿在海军服役时的制服，和村长、绅士们一起迎接这位部长，并由吉川向部长发出"敬礼"的口令。

那位海军人事部长发现吉川穿着海军制服，误以为吉川是海军部队的现役军官，便严厉地斥责吉川说："如今海军忙得不可开交，人手极端不足，而你一个年轻军官却悠闲自在地待在乡下，太不像话了！"

吉川忙向这位人事部长说明原委，并请求他在海军方面给找一份工作。这位部长答应了他的请求。过了几天，吉川果然接到了一封军令部的任命通知："命令海

珍珠港遭袭场景

121

军少尉吉川猛夫编入预备役，即日以军令部嘱托身份，到第三部报到。"同时吉川还被告知月薪为85元，将来的提薪待遇准予与同期毕业的军官相同。就这样，吉川拿着军令部的通知书，到军令部报到。

那时，日本正急于向外扩张，建立世界经济圈，日本海军部正策划南进战略。吉川负责整理东南亚各国的基本情况资料，制作南洋海域的兵力地图，为将来把这些殖民地和半独立国家划归到日本的统治之下作准备。

1940年5月，吉川被叫到山口人事部长的办公室。一见面，山口大佐便说："吉川君，准备派你到夏威夷，你看怎么样？"

面对山口大佐这突如其来的问话，吉川毫无思想准备，更不知道让他到夏威夷去做什么，多长时间。但他认为不会有重要事情，无非就是信使之类的差事，去去便回。因此，吉川便很痛快地回答道："行，我去。"

"那么，从现在起你就学习有关美国舰船的知识吧，这件事不要对任何人讲，甚至对父母、兄弟都不能讲。"

这时吉川已经意识到此行非同一般，绝不是一般的信使之类的差事，必定是一项事关重大的工作。但到底会是什么任务，吉川仍然不知道。

几天后，吉川再次被山口大佐叫去，见面后，山口声音很低地对吉川说："我们派到美国的谍报官已经被捕了，现在对珍珠港的情况不太了解。要你到檀香山总领事馆当馆员，你的任务就是要摸清那里的动态。"

此时，吉川已经清楚地知道自己此行的身份。他做梦也没有想到自己会被派到美国做秘密工作，更没有想到他后来会成为一名出色的间谍。

做谍报工作，对于吉川来说，既无思想准备，又无经验，但他还是愉快地接受了任务，并决心"大干一场，取回有价值的情报"。

不择手段
收集重要情报

　　1941年3月初，在日本外务省经过半年多外交业务训练的"森村正"书记生乘船由横滨启程前往檀香山。

　　临行前，日本海军情报部给"森村正"规定的情报收集要点是：不同时期驻泊珍珠港的美军舰船的类型和数量；部署在夏威夷航空基地的飞机机种和数量；以珍珠港为基地的舰只动态、防空情况；飞机和航船巡逻情况；舰艇和军事设施的安全措施等。

　　珍珠港，这个被美军列为军事禁区的重要海军基地，真可谓壁垒森严。港湾的四周围绕着铁丝栅栏，各个重要地点和路口都有荷枪实弹的哨兵，严密注视着周围的风吹草动。

　　禁区的道路两旁，隐蔽着警察，在暗中监视着过往行人的一举一动。在这里，行人车辆速度稍慢一点，立即就会招来警察的仔细盘查和驱赶。摄影拍照更是绝对禁止。

　　围绕着港口的铁丝栅栏、油库和港内的建筑物挡住了视线，在外面很难看到港内的情况。吉川的任务正是要摸清里面的情况。不管有多大的困难，他决心搞到东京所需要的情报。

　　不久，他便开始了对珍珠港的调查。

　　当时，除了日本驻该地的总领事外，领事馆内没有任何人知道他的真实身份。

　　"森村正"整日花天酒地，吃喝玩乐，游山玩水，俨然是一个花花公子。他时而身穿绿色西装裤和夏威夷衫，头戴插着羽毛的夏威夷帽，以观光

为名，雇一辆出租车，与年轻美貌的女郎外出兜风，情意绵绵，谈笑风生；时而在海边持竿垂钓，头上包着一块毛巾，脸上露出一副百无聊赖的神情；时而整天泡在"春潮楼"里与日裔艺妓鬼混。

然而不论在做什么，他总是利用一切机会收集珍珠港美舰动向的情报。外出兜风时，他开车从珍珠港附近路过；持竿垂钓时，钓竿大胆地伸到珍珠港哨兵的跟前；在"春潮楼"与日妓调情时，他经常装作醉醺醺的样子，躲在窗户后面，眼睛却紧盯珍珠港的动静。

"春潮楼"是一家位于阿莱瓦高地上的日本酒馆。这里地势较高，又处在珍珠港的背面，这里没有荷枪实弹的哨兵，也没有埋伏的警察。但它的前面正对着珍珠港，且这里来来往往的人较多，是观察珍珠港内舰船活动的理想之地。

吉川为了准确掌握港内的情况，"春潮楼"便成了他经常光顾的地方。吉川不仅和这里的艺妓们鬼混，有时还装成醉鬼的样子，在这里过夜，以便

珍珠港纪念馆

观察港内航船一早一晚的情况。

正是在这里，吉川发现了舰队出港的时间、编队的重要情报。

一次，吉川留宿"春潮楼"，当他第二天一大早打开二楼的窗户向珍珠港观望时，立即被港内的情景惊呆了：庞大的舰队正在起航。港外，驱逐舰已经展开阵形，重型巡洋舰和轻型巡洋舰也正在编制序列，有五六艘战舰正在缓缓驶离港口。

此时的檀香山正在沉睡之中，但庞大的舰队已经悄悄地驶离港口。这是一个意外的重大发现。

由此，吉川判断，美军舰队进出珍珠港的时间大约是在早晨和傍晚。为进一步证实这一判断，弄清各种舰艇的名称、数目和调动情况，吉川几乎每天都要到"春潮楼"进行观察。

吉川常坐出租车，并和出租车的司机混得很熟。他知道，司机常年在岛内开车，跑遍了全岛的各个角落，熟悉岛内的地形，见多识广，是获取情报的重要来源。

一次，吉川坐出租车出去观光，在快到珍珠港的时候，吉川看到一个军港，圆顶的仓库，庞大的飞机就在眼前。吉川断定这里是美军的一个重要海军航空兵基地。

为了探明实情，吉川装出一副既好奇，又对军事知识一无所知的样子说："好大的飞机，那就是巨型旅客飞机吗？"

听到吉川的问话，司机立刻以他对这里的情况非常熟悉的样子向吉川进行解释。原来这里就是希卡姆陆军航空基地。基地内停放着最近刚刚调来的 B－174引擎大型轰炸机。就这样，吉川从热心的出租车司机那里获得了有关希卡姆陆军航空基地位置及该基地飞机型号、战斗性能的重要情报。

为了尽快掌握珍珠港内的情况，吉川决定以瓦胡岛为中心，巡游各个岛屿。为不引起周围人的怀疑，白天他总是在总领事馆内装模作样地做着分配给他的工作，装出一副老老实实、安分守己的样子。一到下班或节假日便到外边四处转悠。

晚上，则到繁华的街道上寻找有美国水兵的地方，并设法与那些闲逛的士兵接近，与他们一起喝酒闲聊，从他们口中获取情况。

吉川听说在珍珠港内住着一位日本业余天文学家。于是，他决定去拜访。这位好客的天文学家热情地接待了他，并滔滔不绝地向吉川讲起自己几十年来天文气象观测的成果。对于吉川来说，天文气象知识并不陌生，他在日本海军学校学习时，这是必修的一课。

但吉川装出一副洗耳恭听的样子，希望能从中获得有用的东西。

果然，这位天文学家告诉吉川：30年来，夏威夷没有经历过一场暴风雨，而且在瓦胡岛上东西走向的山脉的北面总是阴天，而南面则总是晴天。

吉川听了，如获至宝，欣喜若狂。这是多么重要的情报啊！他知道气象对作战具有重要的影响，特别是对海空作战影响更大。如果日本要发动太平洋战争，这将是至关重要的情报。他默默地记在心里。

没过多久，东京果然向吉川提出了收集夏威夷气象情况的指示。吉川毫不犹豫地向东京作了如下回答："30年来，夏威夷一向无暴风雨。瓦胡岛北侧经常为阴天。可从北侧进入并通过努阿努帕利进行俯冲轰炸。"

公开资料是获取情报的重要途径。吉川从不放过当天的地方报纸。对报纸上刊登的有关军事基地建设、船舶的航行、与军方有联系的知名人士的来访等情况，他都要进行认真研究分析。

吉川曾在一份报纸的结婚栏内发现了一条消息，说当地某某小姐将于某月某日与战列舰"西弗吉尼亚号"所属军官某某于某地举行结婚典礼。根据这一消息，吉川当天便跑到珍珠港去观察，果然有一艘军舰停泊在那里，吉川断定这就是报纸上所说的那艘"西弗吉尼亚号"战列舰。

通过反复观察，吉川很快便能正确地辨认出所有舰船名称，熟悉掌握了珍珠港区的地形，并获得了一些重要情报。吉川开始向东京报告情况。为使吉川准确报告港内美军舰船、飞机及其他重要军事目标的方位，日军把珍珠港划分为A、B、C、D、E五个水域：

A水域，指福特岛和海军工厂地区之间的水域；B水域，指靠近福特岛南

部与西部的水域；C水域，指东南湾；D水域，指中部海湾；E水域，指西海湾及通过各海湾的各航道。

东京还要求吉川及时提供上述水域舰艇的数量、型号和种类等情报。这是一项艰巨的任务。珍珠港内每天都有进进出出的舰船，随时都有升降的飞机，要随时掌握港内舰船飞机的数量、型号、性能和防御措施并非易事。

不久，吉川终于找到了一次绝好的机会。珍珠港航空队举行飞行特技表演，吉川混在航空队家属群中进入了机场。表演中，飞行员那高超的特技动作，使吉川很快判断出美军飞行员的战斗素质是相当高的。

借这次千载难逢的好机会，吉川对惠勒机场进行了仔细的观察，记下了机场内的机种、数量和机场内部的飞行设施。

1941年10月下旬，在日美关系日趋恶化的情况下，日本海军司令部负责对美情报工作的第五课，书面向"森村正"提出了90余个有关珍珠港驻泊及港口防御问题：停泊舰船的总数；不同类型的舰船数量和舰名；战列舰和航空母舰的停泊位置；战列舰和航空母舰进出港情况；战列舰从停泊点到港外所需时间；星期几港内停泊舰艇最多；夏威夷群岛的航空基地和常驻兵力；是否有大型飞机在拂晓和黄昏时巡逻；航空母舰出入港时，舰载机是否在港外起飞；珍珠港附近有无阻塞气球，港口有无防雷网；水兵是否经常上岸；港口附近的油罐是否装油；等等。"森村正"根据几个月所收集积累的大量情报资料，在一夜之间，就对上述问题一一作了答复。在回答"星期几港内停泊的舰艇最多"这一问题时，他肯定地写道：星期日。第二天一早，"森村正"将全部答案交给了日本海军情报机构。

为了获取更多、更准确的情报而不被发现，吉川经常变换观光方式，到珍珠港活动。有时坐出租车，从陆地进行侦察；有时乘飞机，从空中俯瞰珍珠港全景；有时又坐旅游艇，从海上进行侦察。

他每次到珍珠港观光，都要带上"春潮楼"的艺妓。这是因为一则不易引起别人的怀疑；二则即使遇到麻烦或警察盘问，也好作解释。为了掌握美军舰艇和飞机夜间或黎明时的行动情况，有时他干脆露宿在山冈上，或藏在

甘蔗园里，除了在深夜三四点钟稍稍睡一会儿，他很少睡过一个完整觉。

随着时间的推移，东京给吉川下达收集情报的电报越来越频繁，要求收集的内容也越来越具体详细。从这些电报当中，吉川领悟到日美关系已经恶化；日本将向美国开战，而且进攻的地点很可能是珍珠港。

吉川感到自己今后的任务更加艰巨，收集情报的活动更加紧迫。就在这时，吉川收到东京发来的电报指示：

> 由于日美关系急趋恶化，请你不规则发来港内停泊舰艇的报告，但要每周两次，当然，你一定是很谨慎的，但你要特别注意保密。

既然日美关系已经彻底破裂，美国肯定会对日本驻檀香山领事馆进行严密的监视。收集情报越来越困难，也越来越危险，而且随时都会被捕。但吉川为使东京在关键时刻能够得到最有效的情报，他决心冒生命危险，加紧活动。于是，他干脆住进了"春潮楼"，日夜窥视太平洋舰队的活动。

白天，他利用一切机会到珍珠港、希卡姆、惠勒、卡内奥赫和伊瓦各个机场侦察动静。

1941年11月22日，日本海军联合舰队参加袭击珍珠港作战的特混编队，全部悄然集结在千岛群岛的择捉岛单冠湾。11月26日，美日谈判破裂，日本海军认为袭击珍珠港已势在必行。12月2日，日本海军情报机构电示"森村正"："基于目前形势，及时掌握美海军战列舰、航空母舰和巡洋舰在珍珠港的停泊情况是极为重要的，因此，望今后每天将有关情况上报一次。珍珠港上空有无观测气球请电告。另外，战列舰是否装有防雷网，也望告之。"

"森村正"到夏威夷初期，每周上报一次情况。8月份之后，改为3天一报。11月中旬起，改为两天一报。而按此要求，应一天一报。

此后，他每天都要开车到珍珠港附近地区兜风、钓鱼，或到可俯视珍珠港的"春潮楼"妓院行乐，夜间则把白天侦察到的有关美舰在珍珠港内的最

新动态上报日海军情报机构。

毫无疑问，东京已经把珍珠港当做目标了，他为自己的情报活动感到高兴。他开始整理自己的东西，首先将自己费尽心血搞来的有关舰艇活动的情报全部烧掉，将所有能够证明他间谍身份的东西也全部烧掉。直至日本向美国开战前6小时，发出最后一封情报为止。

12月6日，在日军袭击珍珠港的前一天，整个夏威夷群岛十分宁静，美国太平洋舰队的舰船静静地停泊在珍珠港内外，"犹如涂了一层白奶油的漂亮点心，排列在餐盘似的蔚蓝色海面上"。

这天上午，当吉川再次驱车来到珍珠港附近侦察港内美舰变化情况时，突然发现两艘航空母舰和10艘重型巡洋舰不见了。

20时，在日军袭击珍珠港前12小时，他以日本驻夏威夷总领事的名义向外务省发出了第二五四号特急电："6日珍珠港停泊舰船如下：战列舰9艘、轻型巡洋舰3艘、潜水舰3艘、驱逐舰27艘。此外，轻巡洋舰4艘、驱逐舰2艘已入坞。航空母舰和重巡洋舰全部出港，不在港内停泊，未发现舰队航空部队进行空中巡逻的迹象。"

夏威夷时间6日22时30分，日军大本营海军部立即将有关内容通报给正在接近珍珠港的特混编队。海军部在电报结尾写道："檀香山市内未实行灯火管制。大本营海军部确信此举必胜。"

这时，由于连日奔波而倍感疲劳的"森村正"早已进入梦乡。睡前，他既没想到刚才发出的电报竟是他在夏威夷期间向东京发出的最后一份电报，也没想到日美双方几小时之后就进入战争状态，更没想到这份电报对于保障袭击珍珠港作战成功起到了何等重大的作用。这个书记生从1941年3月27日到夏威夷赴任，至12月6日，在210天的时间里，先后向东京海军情报机构发出了200多份电报，平均每天发回一份电报。

12月7日7时55分，当他被日本飞机投掷的鱼雷和炸弹从酣睡中震醒后，"森村正"才感到半年多来自己工作意义的重大！

实际上，这一切似乎又早在"森村正"的预料之中。就在几天前向东

京发出的电报中，他还这样写道："目前，珍珠港周围尚无施放阻塞气球的迹象，而且很难想象他们在实际上会有多少防空阻塞气球。即使进行这种准备，使用气球保卫珍珠港也是有限度的。我认为，进行奇袭，成功是十拿九稳的。""森村正"在战前所提供的大量情报，为日军的袭击铺平了道路。

可怕的日子终于到了，日军突然向珍珠港发动进攻，几百架飞机轮番向珍珠港进行轰炸。瞬间，震耳欲聋的爆炸声响作一团，珍珠港上空浓烟滚滚。仅仅几分钟的工夫，美军的舰艇、飞机及重要的军事设施，被炸得七零八落。珍珠港美军基地受到了最惨重的打击。

此时的吉川，作为东京的派遣间谍，已经出色地完成了任务。珍珠港战斗一开始，他便立即根据东京的指示，焚烧密码本，准备撤离，但已经来不及了，日本总领事馆的大门已被美国的便衣警备队封锁了。有几个警备队员冲进房间，发现正在冒烟的密码本，急忙用脚踩灭，但已经来不及了。警备队员让馆内所有的人员都举起手来进行全身检查。结果，总领事馆的密码译电员藏在身上的两个密码本被美国人搜出。

原来，这是译电员根据总领事的命令一直藏在身上的。这两本密码都是高度机密的密码，吉川后期获得的情报都是用这个密码向东京拍发的，虽然战争已经开始，吉川不需要再用它向东京拍发电报，但对吉川在软禁期间的安全带来了威胁。

总领事馆内的所有男馆员全部被扣留在办公室内，好几名美国警察端着枪站在门口看守，不准走出一步。后来，他们又被几次转移，但都没有受到美方的审讯。到底要把他们送往何处？下一步将会怎么处理他们？谁也搞不清。每天就是单调乏味的软禁生活。最后，他们被押到亚利桑那州塔克松市附近的一个牧场。

在这里，他们开始受到审问。这时，吉川明白了，原来美军根据缴获的密码本，查核日本总领事馆所发出的电文，发现了战前频繁向东京拍发电报的人就在总领事馆内，而且进一步查明，战前常常到珍珠港转悠的就是"森村正"。但他们没有抓住"森村正"任何从事间谍活动的证据。美方想通过

疲劳轰炸，让"森村正"承认自己是间谍，或者使周围的人把"森村正"的间谍身份揭发出来。但吉川心里明白，在总领事馆内，确切知道他身份的只有总领事喜多一人。

另外，喜多有可能向奥田透露一点情况，只要这两个人不泄密，不出来揭发，别人是不可能知道情况的。

经过分析，吉川决定，至死不承认自己是间谍。几次审讯，吉川始终坚持"不知道""不清楚"。尽管美方知道"森村正"就是经常到珍珠港转悠的人，怀疑"森村正"就是那个向东京提供珍珠港情报的间谍，但因拿不出有力的证据和事实，吉川本人又始终不承认，几次审讯都没有实质进展。

这期间，日本政府也在抓紧对吉川的营救工作。日美交战后，美方立即下令将日本驻檀香山使领馆的全部人员驱逐出境。但日本驻美国大使野村以强硬的态度坚持，若不把使领馆的人员全部交还，就不开船。

另外，美方也考虑到如果继续扣留"森村正"，可能会招惹日本的报复——以同样的手段扣留美国驻日使领馆的人员。终于，吉川猛夫被释放，于1942年8月15日乘坐"格里普斯霍姆号"轮船离开美国回到日本。

谍海幽灵

日本女谍命丧上海

　　她师从日本头号间谍、日军在华特务头子土肥原贤二，17岁就被派往中国大连从事间谍活动。她利用美色建立了自己的情报网络，并陆续送出了吴淞口要塞图，华东国民党军队防务部署等各种情报，甚至还窃取了蒋介石最高国防会议的机密文件……然而，狐狸再狡猾也逃不出猎人的枪口，这位名叫南造云子的日本女谍，最终还是死在中国特工的枪口之下。

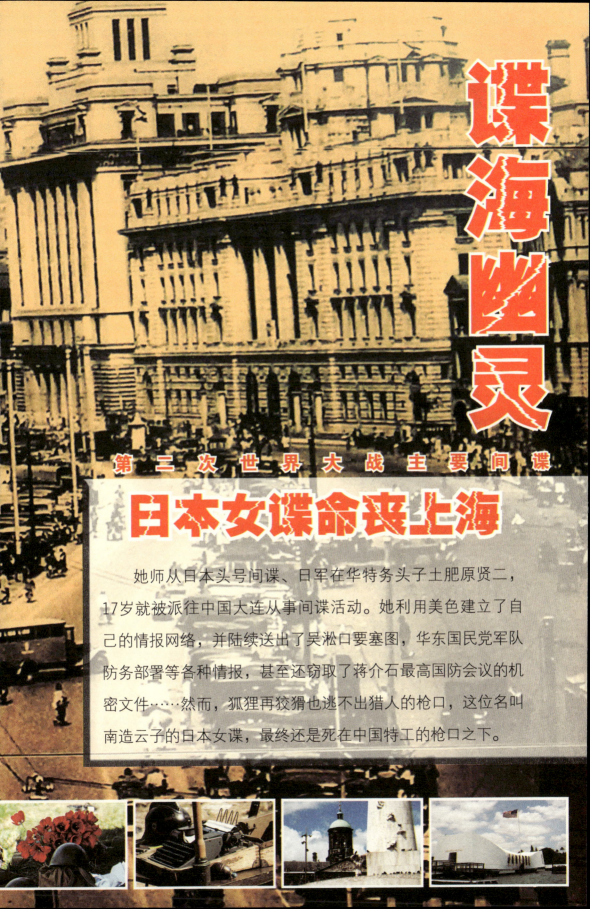

日本女谍
猎取淞沪情报

南造云子出生在一个侨居上海的日本家庭。

父亲名叫南造次郎，是一个老牌间谍，参加过头山满的"黑龙会"，对"欲占领中国，必先征服东北"的理论深信不疑。

在日俄战争时期，南造次郎入伍，在中国东北服役，负责探听俄军情报。日俄战争结束后，日本将中国列为蚕食的目标，南造次郎响应此号召，以教师为名长期居留上海。南造次郎能讲一口流利的东北话和上海话，是个名副其实的"中国通"。

他公开的身份是正金日文补习学校的教师，实际的工作则负责收集中国上海地区的政治、经济和军事情报。他经常利用假期旅游的机会，到淞沪一带广泛探听军情，描绘地图。地图的详细度，连某村内有多少口水井，可供多少人饮用，乡村间的岔道如何走向等，都一一标记在其中。

南造云子于1909年出生在上海，家住上海虹口横滨路，自幼在中国上学。她深受父亲南造次郎的思想熏陶，总认为大和民族是世界上最优秀的民族。小时候的南造云子就显露出了语言和表演天赋，这使其父亲更坚定了将南造云子培养成日本新一代王牌间谍的决心。

1922年，南造云子被送回日本，师从日本第二次世界大战头号间谍、日军在华特务总头子土肥原贤二，接受系统的间谍训练。在神户特工学校中，南造云子除了学习间谍的普通技巧和文化、外语等课程外，还学习射击、爆破、化装、投毒等专门技术。

1926年，年仅17岁的南造云子就被派到中国大连，开始从事对中国的间

谍活动。

1929年，南造云子又从大连调往南京，化名廖雅权，以失学青年学生身份为掩护，打入国民党国防部的招待所——汤山镇温泉招待所做招待员，并以此身份为掩护，逐渐接近国民党高官要员，开始谋划建立自己的情报网络。

汤山镇隶属江宁县，位于南京中山门外。汤山地形层峦起伏，温泉众多，是国民党要员的避暑疗养地。温泉招待所是当时国民党国防部出资建造的，国民党军事将领及高级官员常在这里举行秘密军事会议。

日本特务机关早就盯上了汤山，派南造云子打入温泉招待所，就是为了窃取军事情报。此时的"女学生廖雅权"长得娇俏动人，能歌善舞，很有交际手腕。

军统情报站

她在进入招待所做招待员之后，即利用美色勾引国民党军官，这些国民党大员们纷纷拜倒在"廖雅权"的石榴裙下。不用太费劲，南造云子就建立了自己的情报收集网络。

在得到的头几份军事情报中，其中一份是吴淞口要塞司令部向国防部作的扩建炮台军事设施的报告，里面有炮台的位置、火炮门类、口径设置、炮台和弹药库、联络线、观测点的分布情况、秘密地道的部署、70余座明碉暗堡的分布情况等重要军事机密。

而南造云子获得此情报的途径，竟然是以"我亲戚家在吴淞口有地产，想知道炮台扩建要征什么地"为名，从一个被她勾引的国民党军官手中套取的。

吴淞口是上海的北大门，也是长江口的第一个屏障。南造云子把这份重要文件弄到以后，日本军部如获至宝。由于获得了吴淞口的全部布防图，在向上海进攻时，日本海军舰队集中火力轰击吴淞口要塞，准确地摧毁了要塞的数十门德国造远程要塞炮，连在建设中尚未完工的炮位，也被准确的炮击打成漏勺。

相反，国民党军专门搭建的作为假目标的伪装炮位，日军却毫不理睬。在日军陆上部队进攻时，日军舰艇也完全压制住了岸上守备部队的火力点，使固若金汤的江阴要塞轻易被日军攻占。

在淞沪会战中，南造云子与她的同伙还致力于收集华东地区国民党军队防务部署的各种情报，搞到了大量国民党军的调动情况，仅偷拍国民党军军事设施、军港、兵站、机场的照片就有千余张。这些情报都源源不断地送到了上海虹口的特务机关，为日本军部在侵华战争中提供了重要帮助。

日军间谍卓有成效的工作，使淞沪会战成为一场情报单向透明的战役，中国军队虽然数量众多，但在日军的海空优势和情报优势下，最终败下阵来。

蛛丝马迹
引起当局怀疑

在温泉招待所的谍报网布设完毕后，南造云子又回到上海活动了一段时间。

1937年7月中旬，淞沪会战爆发前，南造云子化装成中国银行的职员，带了两名助手，混在沪宁列车的难民群中潜入南京，四处活动。她很快利用旧日的关系，和国民党行政院主任秘书黄浚、外交部的副科长黄晟（黄浚之子）搭上了关系，引发了当时震惊全国的一起间谍案：封锁江阴要塞泄密案。

黄浚，字秋岳，福建省人，早年留学日本，与日本南京总领事须磨弥吉郎是同班同学。黄浚从日本回国后，长期在北洋政府中任职，与北洋政府中的许多要人及前清遗老遗少多有交往。

北洋政府垮台后，黄浚又到南京寻求发展。好在国民政府不计前嫌，向旧北洋政府官员敞开了大门。

黄浚进入国民政府后，得到国民党政府主席林森的赏识，进入行政院担任要职。因他有点才华，又善于溜须拍马，进而又得到了蒋介石、汪精卫等人的赏识，不断得到提拔。东窗事发时，黄浚官至行政院机要秘书，其地位相当于国民政府副秘书长。

按照古人的评价方式，黄浚此人"虽有文才，却少德行，生活淫靡，挥霍无度"。

他在南京和上海都有公馆，经常往来两地，过着纸醉金迷的生活。在温泉招待所时，他与南造云子认识，但未提供什么情报。黄浚的挥霍需要大量

金钱，但此时号召"新生活运动"的南京政府官员薪水不甚丰厚。

早在南造云子之前，日本驻南京总领事须磨弥吉郎就以金钱为诱惑，开始了逐步拉黄浚"下水"的工程。在南造云子的美色诱惑下，黄浚投降，在重金和美色之下迅速堕落成一名日本间谍。

黄浚利用自己的职务之便，窃取了大量国民党高级军政机密，提供给日本间谍机关，同时还把自己的儿子黄晟拉下了水。黄晟又名黄纪良，当时刚从日本留学回国，在外交部担任副科长。

黄浚又用重金收买了国民政府中一些失意的亲日派高级军政人员，其中包括参谋总部的高参、海军部的高级部员和军政处秘书等级别的人物，这样就组成了一个以黄浚为小头目的间谍集团。

黄浚

作为国民政府的首都，蒋介石也在南京布设了由军统组成的庞大的特务体系。

在重重监视下，黄浚和潜伏在南京的日本特务主要有两种联系方法：

一是黄浚装作去玄武湖公园散步，用巧克力糖纸将情报包好，藏在一棵偏僻的大树洞里，再由日本特务取走。

二是黄浚定期到南京新街口闹市区一家外国人开办的"国际咖啡馆"里喝咖啡，将情报藏在自己的深灰色呢帽中，挂在一个固定的地方。这时就会有一名日本间谍来咖啡馆，用同样颜色的呢帽，把他

的呢帽取走。日本方面有什么指示，也放在这项呢帽中传给黄浚。

日本间谍将情报取走后，先送到中山东路逸仙桥南一家"私人医院"，这是一处日本人的谍报机关，然后再送到南造云子手中进行分析整理。后来黄浚怕出事，不再亲自送情报，改派他的司机王某用同样的办法去送。

1937年7月28日，蒋介石召开最高国防会议，商讨封锁江阴要塞，一举围歼日本在长江内的舰船和陆战队的计划。此计划如能施行，一方面可以阻止日军沿长江进犯中上游；另一方面可将长江中上游九江、武汉、宜昌、重庆一带的70艘日军舰艇和6000多名海军陆战队员围而歼之。

会议属高层机密，由侍从室秘书陈布雷和行政院主任秘书黄浚担任记录。黄浚在会上听了蒋介石的这一军事部署，犹如看到了大笔的日元又进到自己的腰包，一时两眼放光。会后，他立即将这个绝密军事情报密报南造云子。

南造云子闻后惊出一身冷汗，看情势紧急，倘若经原定程序先与上级机关接头已来不及了，索性火速将情报交给日本大使馆武官中村少将，由他直接用密电报告东京。

1937年8月6日这一天，日军驻武汉总领事和在长江驻屯的日军海军将领正在武汉出席宴会，席间领事突然接到这份密报，阅后神色大变。在传阅电文后，所有日本海军军官匆忙退席，宴会主办方惊诧不已。

日军军官返回后，随即下令所有军舰立即做好出航准备。此后数天内，在长江中上游的日本军舰和商船，全部飞速顺水而下，逃跑似的冲过江阴，撤往长江口，所有日本侨民也都随船撤离。

事后人们发现，因撤退匆忙，许多日本海军军官和侨民把贵重物品都丢弃在家中，甚至有的人已经把饭菜摆好，来不及吃就撤离了。

与此同时，一份"计划泄密，封锁江阴要塞方案失败"的报告被送到南京国民政府国防部，引起了蒋介石的勃然大怒。

如此秘密会议属高层机密，竟然会走漏风声，让瓮中之鳖轻易逃脱。虽然长江中的日军舰艇只占日本联合舰队吨位的一个零头，但却集中了日本海

军几乎所有适合江河内水作战的浅吃水舰艇，这对后续入侵中国的作战行动非常重要。情报上的泄密，使国民党军的围歼计划落空。

同时日本从本土增派军舰，至"八·一三"淞沪事变爆发时，日军在长江口已集结包括31艘大型战舰在内的100余艘舰艇，从内地撤出的海军陆战队也参加了随后的上海战役、杭州湾登陆等行动。

南造云子在事件中及时送出了情报，使日军抢占了战役的先机，但她启用紧急情报通道，引起了国民党军情报组织的注意。

而封锁江阴要塞计划的泄密，也使蒋介石大为震怒，决心清查此事，一场除奸之战在南京城内悄然打响。但到此时为止，这个狂妄的日本女间谍不但毫不收敛，反而启动了更为大胆的行动计划。

限期破案
"帝国之花" 落网

抗战初期，日军为了彻底制服蒋介石与国民党政府，曾命令潜伏在华的日本间谍把暗杀的矛头指向蒋介石和国民政府的亲英美派官员。南造云子将刺杀蒋介石的任务下派到黄浚处，让他组织人员和情报，对蒋介石的活动进行监视，从中寻找下手的机会。

当时，蒋介石兼任中央军校校长，常住在校内的"校长官邸"中，还经常主持中央军校的"总理纪念周"活动，对师生发表精神训话。

"八·一三"抗战爆发前夕的一天，蒋介石突然指示中央军校举行一次"扩大总理纪念周"活动，除中央军校全体师生外，还要陆军大学全体师生和中央各部长官参加，他将作重要演讲。

这天，南京各处都加强了警戒，从中山中路到中央军校所在的黄埔路，更是三步一岗，五步一哨。军校内部也有大批便衣特务人员巡查。进校的轿车都由在学校门口执勤的宪兵登记车号和乘员。

正当与会人员列队整齐静候蒋介石出来讲话的时候，总值日官突然向大家宣布：有两名可疑分子混入军校，正在进行搜查。原来，国民党特工得到情报，两名日本间谍乘坐轿车混入军校刺探情报，并图谋杀害蒋介石或其他军政人员，被发现后，立即乘车逃跑了。事后也未抓到这两个人，仅仅记下了轿车的型号，此行刺事件一时成了悬案。

几次泄密或暗杀未遂事件，虽引起了国民党的注意，但未想到此事与高层卧底有关。军统在调查事件过程中，牵涉到高级官员，就自觉放弃查办。

不久，淞沪会战全面爆发，由于国民党军指挥上的失误，上海形势日

益紧张。由于上海与南京近在咫尺，蒋介石对上海的局势非常关心，几次准备亲临上海前线，视察和指挥作战。因为宁沪之间的铁路和公路都受到了日军飞机的严密封锁，在密集的轰炸中行走很不安全，因此蒋介石一直未能成行。

1937年8月25日，在蒋介石召集的最高军事会议上，新任副总参谋长白崇禧向蒋介石建议，次日英国驻华大使要从南京去上海会见日本驻华大使，可以搭乘他的汽车去。

当时英国还是中立国，大使汽车前面插有英国国旗，车身也有显著的英国标志，应该不会被日军轰炸。蒋介石对此表示同意，并着手安排去上海视察事宜。殊不知黄浚也参加了这个会议，会后，黄浚立即向南造云子传递了这一情报。

但第二天，蒋介石有急事缠身，临时中止了上海之行。结果，英国大使的汽车在嘉定地区沪宁公路上遭到两架日军飞机的轮番追逐扫射，汽车被打

 日军飞机

翻，英大使在爆炸中背骨折损，肝部中弹，生命垂危，随行人员慌忙为他草草包扎止血抬到附近车上，送到沪西宏恩医院抢救。

当天中午，蒋介石接到"英国大使汽车遇到袭击"的情报，大为震惊。当天下午，上海市市长派秘书前往医院探望英国大使，一个半小时后，市长亲自赴医院探望，代表蒋介石向英国大使慰问。

次日，《申报》头版以大号黑字报道"日机以机枪扫射，英国大使重伤"，中央社随即转发消息。

上海各界抗敌后援会等群众团体，纷纷派人慰问英大使，声讨日寇罪行，消息在英国传开后，也是举国哗然。

英国外交部发布公告：

英国政府业已照会中日两国，凡英人生命财产因受战事而损失，当由中日双方负责，今大使坐车远离交战区域，又悬有英国国旗，尤难容忍，待调查核实之后，将采取一定之行动。

西方诸国舆论一致谴责日军暴行。

日方最初百般抵赖，妄图嫁祸于中国。东京两家无线电台的英语广播甚至说，袭击英国大使坐车的是中国空军。

但在当时，中国空军在淞沪已消耗得差不多了，日机的低近精确扫射，当时中国空军飞行员也难做到，而且当事人均幸存，目睹袭击飞机上的日军标志。

上海当地出版的英文报纸《字林西报》仗义还击："所幸受狙击之人都还活着，均亲眼目睹是日机行凶，若车毁人亡，则中方虽有百口，亦难自辩矣！"

在外交官司打得热闹之时，蒋介石已把警觉的目光投到连续几次高级军事会议的泄密上了。这次几乎危急到他本人生命的泄密案，使蒋介石感受到了抓出卧底的迫切性。

在英大使遇刺受伤的当晚，气愤异常的蒋介石紧急召集军统局长戴笠，中统头目徐恩曾、宪兵司令部兼南京警备司令谷正伦等人开会。蒋先训斥了他们一顿，之后严令他们立即破案。

这时，蒋介石显然已经意识到有日本间谍打入了中枢部门，因此，他密令谷正伦秘密调查内部，限期破案。

谷正伦立即召集有关人员组成破案小组，开始施展军统的第一招：化装潜入。由"外事组"特工打扮成的各色人等混迹于日本驻南京使馆周围，对进出人员跟踪侦察。

此外，破案小组分析，上述几次泄密案，均是最高军事会议的内容，参加会议的除几位高级军政人员外，只有陈布雷和黄浚担任记录。陈布雷与蒋介石是多年同乡兼旧交，而黄浚平时生活放荡，与日本人素有来往，明显的疑点引起了调查人员的注意，黄浚被列为重点嫌疑对象。

不久，宪兵又查清"中央军校刺杀案"中，两个刺客所乘坐的正是黄浚家的轿车。案情逐渐清晰，为扩大战果，谷正伦又派人策反了黄浚家的女仆莲花，令她监视黄浚的行动，想通过黄浚作为蛇头，将间谍集团一网打尽。

在9月的一天，女仆莲花密报，黄浚的司机从外边回来后，径直去找黄浚，黄浚把一顶礼帽交给了他。谷正伦立即命令特工盯梢司机。

司机在特工的监视下毫不知觉，按程序走进了"国际咖啡馆"，把那顶礼帽挂在墙边的衣帽钩上，然后坐到一张桌子边喝咖啡。特工注意到衣帽钩上已经挂着一顶与司机式样和颜色相同的礼帽。

不一会儿，一名喝咖啡的日本人离座走到衣帽钩前，伸手取下黄浚的礼帽戴在头上，走出门去。此人就是日本大使馆管理员小河。

特工在悉知黄浚传递情报的流程后开始采取行动。

一天之后，小河头戴礼帽，骑自行车去咖啡馆，途中突然被一个骑车者猛地撞倒在地，摔得头破血流，礼帽也飞落一边。几个"好心"的过路人及时出现，有的将"肇事者"扭送警察局，有的拦下一辆汽车，把小河塞进车子送往医院抢救。

　　特工捡起礼帽检查，发现内藏日本大使须磨弥吉郎给黄浚的指令。由于指令没有任何暗号和加密，特工放弃了拷打策反小河的计划，直接草拟了一份假信塞入礼帽，内容为须磨弥吉郎指示黄浚：明晚深夜23时，聚集间谍集团所有乘员去黄浚家，由须磨弥吉郎亲自颁发奖金。

　　特工飞车赶往咖啡馆，见已有一顶相同颜色的礼帽挂在衣帽钩上，就伸手换了一顶退出门外。回去一看，帽中果然有黄浚向须磨弥吉郎提供的情报。

　　谷正伦得到消息后火速报告蒋介石，蒋介石立即下达次日夜间行动，秘密逮捕黄浚间谍集团的手谕。

　　第二天入夜，特工人员按照既定方案进入预定位置。深夜23时，线人莲花在楼上用手电向特工发出信号，表示黄浚一伙已全部到齐，聚集在楼上。

　　一会儿，一个装扮成邮差的特工以送交快件为名，敲开黄家大门，众多特工突然蜂拥而入，直扑楼上小客厅，黄浚一伙遂全部归案。紧接着，特工立即对这伙人进行讯问，在讯问工具的"良好效果"配合下，黄浚等人迅速交代了详情。

　　在掌握了确切的证据后，特工于当日凌晨就逮捕了"帝国之花"南造云子。

　　审讯中，黄浚对罪行供认不讳，最后经军事法庭审判，以卖国罪判处黄浚父子死刑，公开处决；判处南造云子无期徒刑，其他成员皆判有期徒刑若干年。

　　本来，按照国际惯例，战时抓到敌方间谍可直接处死，但南京当局为牵制日军，也想从南造云子口中套出更多的情报，因此未判处南造云子死刑。

　　在黄浚父子被处决后，南造云子被关押在南京老虎桥中央监狱。

　　几个月后，日军攻占南京，国民政府慌乱之中未来得及转移监狱中的犯人。南造云子凭借过去的一套手腕，以色相诱惑看守，加上日军的武力威胁，在打通关节后，南造云子竟然逃出了监狱。

　　因身份已经暴露，国统区她是不敢去了，就潜往上海继续进行间谍活

动。

太平洋战争爆发后，南造云子在上海日军特务机关任特一课课长，对在上海潜伏的国民党特工、共产党地下党员进行搜捕。多年的间谍工作和长期与国民政府情报系统打交道的经历，使南造云子对国民党军的情报系统工作方式异常熟悉，成为上海滩中统和军统的大患。

南造云子行事跋扈，进入英、法租界抓捕过大批共产党员和抗日志士。从1938年至1942年，她摧毁了10多个国民党军统留下的联络点，诱捕了几十名军统特工，包括军统情报高手万里浪等人均栽在她的手下。丁默邨、李士群等人被南造云子策反而成为其爪牙，以李士群等为首的汪伪特工总部，就是她一手扶植起来的。

由于南造云子在上海横行，军统特工对她恨之入骨，多次策划将她捉拿回重庆的行动，但都因南造云子太狡猾而未能得手。最后特工取消了捉拿她归案的计划，决定用暗杀方式直接清除这一心腹大患。

1942年4月的一个晚上，南造云子单独驾车外出活动，她因屡次行动成功而产生了轻敌的情绪，认为国民党特工不是日本间谍的对手，因此车上仅她一人，未加防备。

但却被军统特工发现，迅即秘密跟踪，终于在法租界霞飞路的百乐门咖啡厅附近牢牢锁住了目标。当身穿中式旗袍的南造云子下车走向大门之际，3名军统特工手枪齐发，南造云子身中3弹，当即瘫倒在台阶上。

行动得手后，特工随即上车，顷刻便不见踪影。

南造云子在被日本宪兵送往医院途中死去，时年33岁，这朵"帝国之花"得到了罪有应得的下场。

南造云子从1926年开始，在中国进行间谍活动长达16年。南造云子利用姿色和巧妙的交际手腕，在国民政府心脏布设了庞大的间谍网，其眼线的官职之高，在第二次世界大战交战各国中也是罕见的，而获得的情报更是具有重大意义。

抗战初期的几次重大会战，如卢沟桥事变、上海保卫战和长江攻防战，

无不有南造云子情报的影子。无怪乎当时国民党军一些重要将领的回忆录是这样评价淞沪会战的："这是一场国民党军主动进攻，意在围歼全部日军的战斗，但由于一个女间谍，一切都被破坏了。"

实际上，南造云子的谍报网虽然获得了重要的军事情报，但在行动中也欠老练。

在西方国家中，对间谍网的使用是非常谨慎的。在英国，有时候为了高级间谍本身的安全，即使送回的情报准确且非常有用，在战略动向上，英军仍不敢明显暴露出已掌握对方机密的迹象，甚至配合德军的计谋做一些假动作。而对于投诚己方的双面间谍，一般情况下均让其向德军发送真实情报，只有在最后关头，这些双面间谍才开始发送假情报。

南造云子苦心营造的黄浚间谍系统，包含国民政府高官数人，下线情报员10多名，竟然数次被用来执行暗杀蒋介石等危险且价值不高的使命。而最后一次未遂的暗杀直接导致了情报网的漏洞，从而造成南造云子间谍网的崩溃，这反映了当时日本对国民政府谍报工作上的狂妄自大。

谍海幽灵

第 二 次 世 界 大 战 主 要 间 谍

重获新生的间谍

武尔夫·施密特是一名德国和丹麦的混血儿。二战期间，德国要派遣一名特务以第三国人士的身份进入英国，竟然选中了他！武尔夫·施密特能够读写英文，可是他的英语发音充满了德语味道。所以德军将其空投到英国后，他就被抓获了。在英国专家的心理攻势面前，武尔夫投靠英国开始了双面间谍的生活。

德国间谍
跳伞潜入英国

　　武尔夫·施密特，德国和丹麦混血儿。假如没有第二次世界大战的爆发，他也许会是一个风流浪子。

　　不过历史却给了他一个独特的位置，让他成为了历史上最著名的双重间谍之一，用一种多数人无法企及的方式游戏人生。

　　1940年9月19日夜晚，德国王牌飞行员加顿费尔德少校驾驶着一架梅塞施米特-110战斗机，滑过德国汉堡郊外一个军用机场的跑道，消失在夜空中。

　　梅塞施米特-110在德国空军当中的表现相当平庸。这种三座单翼重型战斗机，机体庞大，动作笨拙，容易被发现和击落，甚至在不列颠之战后期，要梅塞施米特-109护航才能出动。

　　只是后来在抗击英军对德国的战略轰炸中，倒是战果斐然。一般的王牌飞行员都不太喜欢这种笨重的战斗机。

　　不过加顿费尔德少校这次的任务不是去格斗，更不是去投掷炸弹。他此行要把一名特殊人物投到大不列颠的土地上。这个人此时就坐在他后面，他的名字叫武尔夫·施密特。

　　武尔夫·施密特的父亲是德国人，母亲是丹麦人。这种跨国婚姻在欧洲相当普遍，因此欧洲人能说多国语言的不在少数。武尔夫·施密特出生在一战爆发前的德国，1914年就随母亲回到了丹麦，躲过了战火。

　　至20世纪30年代，武尔夫·施密特已经成长为一个标准的北欧帅哥。第二次世界大战前的欧洲，还没有完全从1929年至1933年巨大经济危机的阴影

中走出来。在郁闷、沉重的空气下，纳粹党人充满偏执和冲动的言论对血气方刚的年轻人们具有巨大的煽动性。武尔夫·施密特也不例外，他读希特勒所著的《我的奋斗》竟然读到如醉如痴。

　　虽然自己是丹麦国籍，但他决心为父亲的祖国——德国奋斗，并且在丹麦加入了纳粹党。按道理说，武尔夫·施密特这位吕贝克大学法律系的毕业生应该有个理性的脑袋，然而他天生就是个冒险家，间谍工作对他来说也许是致命诱惑。因此，当德国情报局找到他，希望他为德国做间谍的时候，武尔夫·施密特想都没想就答应了。

　　为了当间谍，武尔夫·施密特用过无数的化名，战后打算研究他、报道他的作家和记者走了无数的弯路，到现在也没人能统计出他到底化名过多少次。

英国军港

敦刻尔克战役结束后，纳粹德国开始考虑进攻英国的问题。但是由于英国人反间谍机关当机立断，铲除了所有英国境内的德国间谍网，德国人失去了获得英国情报的主要来源。没有情报是不能打仗的。

在英国严密的防空体系面前，德国人完全没办法开展对英国本土的航空侦察，而且作为一个完整的情报体系来说，技术侦察和人力情报是相辅相成、缺一不可的。

技术侦察包括航空照相、无线电监听等，人力情报就是派遣特务，用窃取、收买、现场观看等手段获得情报。没有人力情报的支持，就不可能知道对方的完整情况，例如敌方军队的士气如何、社会秩序如何等，用技术侦察就不大灵光。因此，德国情报局汉堡站受命重建驻英国情报网。

其实这是一个"不可能的任务"。

首先，派遣特务很难踏上英国的土地。在和平时期，可以用记者、外交官、访问学者或者移民的方式，向一个国家派遣长期驻扎的间谍，但是在战争时期，这些人都受到反间谍机关的严密控制。

如果德国要派遣一名特务以第三国人士的身份进入英国，还要经过一个比较长的活动周期。至于移民就更不可能了，谁会冒着危险移民到战云密布、物资匮乏的英国去呢？在这个时候提出移民，一定有不可告人的目的。

况且英国是个相对稳定的社会，外来人士要融入英国社会需要相当长的时间。也就是说，通过常规方式，没有几年的周期，是不可能把间谍派到英国去的。

德国情报局汉堡站为了向英国派遣特务，无奈之下只好使出了最笨的办法：让特务偷渡或者空降英国。汉堡站对这种方法多少还有点信心，因为他们手里还掌握着一个没有被英国人发现的潜伏间谍——约尼。

因此，汉堡站每次派遣特务前后，都要通知约尼设法安置。然而约尼早就向英国人投诚了，但汉堡站却不知道约尼的叛变，武尔夫·施密特更不知道。此刻的他正在兴致勃勃地接受间谍训练，例如使用电台、跳伞等。然而最重要的一件事情，他却没有机会解决。

　　武尔夫·施密特能够读写英文，也能说一点，可是他的英语发音充满了德语味道。

　　如果把他放到美国去，或许不会有什么问题，因为每天都有一大群人操着蹩脚的英语踏上美洲大陆。但把他放到英国人当中冒充英国人，马上就会露馅。

　　武尔夫·施密特本人和汉堡站到底是没有想到这个问题，还是打算碰碰运气，我们不得而知。

　　训练结束后，武尔夫·施密特得到了上司的高度评价："思想上已经充分武装起来，精力旺盛，受过第一流的教育，有教养，举止优雅……"

　　年轻的小特务要被放飞了。

落地被擒
改变人生信仰

1940年9月下旬的英国正是秋天，灿烂的红叶黄叶煞是好看，不过夜空中的武尔夫·施密特看不到这些景色，即使看到了他也无心去欣赏。

加顿费尔德少校把他扔在漆黑的夜色里就匆匆返航了，这里是剑桥郡和哈福德郡的交界处，距离伦敦还有几十千米。武尔夫·施密特惊恐地发现，自己的下方正是一个机场，跑道尽头全是高射炮，加顿费尔德少校居然把自己扔到英国人的枪口上了！

好在秋夜的风帮了武尔夫·施密特的忙，他很快飘离了高射炮群。不过在落地的时候，武尔夫·施密特却挂在了一棵树上。他摸黑跳到地上，把脚踝扭伤了。

其实，空投的德国特务们经常忘记一件事情：英国在德国的南面，伦敦9月的平均气温是19度，而汉堡只有13.5度。况且当年的战斗机座舱都不是密封的，飞行员必须穿够御寒衣物才能挨过高空中的寒冷。

这样的结局就是，武尔夫·施密特和他的不少同伙全都是穿着厚实的冬衣降落到英国温暖的秋夜里，被英国民众轻易识破。

不过武尔夫·施密特不是因为这个被识破的，他在落地以后并没有被当场捉住，而且还有时间从容地把降落伞和电台藏好，一瘸一拐地找到附近的村庄，在村边的树丛里睡了一夜。

第二天早上，养好精神的武尔夫·施密特决定踏上征途。他镇定自若地进了村子，买了块新手表、一份报纸，还买了份早餐，决定乘火车前往伦敦。

不过这个时候他的脚踝疼得越来越厉害。为了缓解一下，他找到村子里的抽水机，打算用冷水冲冲脚。没想到这么一停留，居然引起了一个英国国民军巡逻兵的怀疑。

这位英国"民兵同志"立刻端起自己那支老式的李－恩菲尔德步枪对准了丹麦帅男，要他把证件拿出来。当把证件拿出来的时候，武尔夫·施密特露馅了。

这位英国国民军发现武尔夫·施密特的证件有问题，略一交谈就更不对劲了。武尔夫·施密特的德国口音太明显了，无论怎么掩饰都不管用。就这样，武尔夫·施密特被押解着朝剑桥警察局走去。

眼看武尔夫·施密特被国民军捉住，一直跟在他身后的军情五处特工开始着急了。间谍一旦被交到警察系统处置，消息就会立刻传到报界耳朵里，第二天的头条新闻就会是"英勇的剑桥郡军民抓获一名德国间谍"等。

这样，军情五处就不可能再对他加以利用，只能处死或者长期关押。于是，两位军情五处的特工把他及时"救"了下来。

关于这个过程，有两种说法。一种说法是，军情五处的特工在押解途中就把武尔夫·施密特截下；另一种说法是，武尔夫·施密特是在警察局里被军情五处带走的。无论如何，武尔夫·施密特被塞进了专门抓间谍用的黑色厢式车，朝伦敦开去。

因为两位特工一开始用德语和武尔夫·施密特交谈，他还以为是同伙来搭救自己。待发现自己已经被捕时，武尔夫·施密特吃惊不小。不过他还不死心，打算用"丹麦逃亡者"的身份来蒙混过关。

军情五处是怎么盯上武尔夫·施密特的呢？这要归功于约尼。

武尔夫·施密特之前，另一名纳粹特务卡罗利也空降到了英国，德国情报局要求约尼设法安置卡罗利。然而由于约尼对英国的投诚，前去"安置"卡罗利的是军情五处的特工！

卡罗利被捕后，为了免遭死刑，同意和英国人合作，供出了武尔夫·施密特即将空降英国的消息。军情五处要求卡罗利向德国情报局报告自己平

155

安到达。卡罗利照办以后得到汉堡站的回电，说3725号间谍，也就是武尔夫·施密特，将于数天后到达，还告诉了他具体的降落位置和时间。

这样，武尔夫·施密特还没"起飞"就注定要做英国人的阶下之囚。至于加顿费尔德少校能够多次安全出入英国领空，也是英国人有意为之，并非他技术好或者运气好。

军情五处从之前捕获的特务那里了解到，德国情报局在特务出发前都会告诉他们，英国在德国不间断的空袭打击之下已经是一片混乱，他们会看到老百姓四处逃命，政府陷入瘫痪。他们还会得到早已潜伏在英国的同伴帮

◊ 伦敦

助，轻松开展间谍活动。

不但如此，这些特务们还会被告知，德国军队将在几周之后踏上英国的土地，占领英国全境。因此，军情五处决心给德国特务们一个下马威，让他们看看英国不但没有遭到破坏，而且民众的生活井然有序。

武尔夫·施密特也享受到了这样的待遇。当汽车路过伦敦市区时，特工们特意绕道市中心，让武尔夫·施密特看到英国各个政权机构的建筑毫发无损，政府所在地的白厅、议会大厦和英国人的宗教信仰中心——威斯敏斯特大教堂都安然无恙。

更重要的是，伦敦市民的生活节奏跟平时一模一样。

武尔夫·施密特开始认识到一个可怕的问题：德国情报局把他耍了。

战争结束后，武尔夫·施密特曾经接受记者采访，提起刚刚被捕后的"伦敦一日游"，他说："纳粹曾经向我描绘说，英国已经被完全打败，人民在逃跑，无人继续抵抗，这纯属骗人的鬼话。我是一个专业间谍，我可以轻易地看出这个国家是多么平静，生活井然有序，我上了大当。"

汽车在伦敦城里曲曲折折地走了一阵子之后，开进了军情五处020基地的审讯室。对于如何审讯武尔夫·施密特这个问题，军情五处双重间谍计划负责人罗伯逊上校很是动了一番脑筋。

与意志薄弱的卡罗利不同，武尔夫·施密特是个意志坚强的人，如果他信仰一件事情，是愿意付出任何代价的，简单地用死刑来逼迫他恐怕适得其反。因此罗伯逊上校决定，首先要打碎他对纳粹的信仰。

出面审讯武尔夫·施密特的，是心理学教授哈罗德·迪尔登。这位教授看上去一点都不像在特务机关里供职的人，完全就是个沉迷于学术的老学究。他穿着乱糟糟的衣服，个人卫生差劲到极点，衣服上沾满了不经意掉下来的烟灰，虽然慈眉善目，却完全没有英国绅士的风度。

见到这么一个邋遢的老人，武尔夫·施密特紧绷的神经多少松弛了一点。他镇定地把自己编好的谎话告诉了迪尔登教授，他说自己是丹麦记者，此行是逃离纳粹统治，投奔自由民主的英国，而空投到机场附近，恐怕是航

线错误了。

迪尔登博士笑了笑，说英国军方对加斯顿费尔德少校的飞行技术是很有信心的，这位德国王牌飞行员才不会飞错航线，而且一个丹麦人要逃到英国，居然能请到正宗的德国空军为他帮忙，实在是稀奇啊！

武尔夫·施密特一听此言，如坠冰窖，他才明白自己的行踪早就被英国人掌握了，而自己的被捕也不是意外事件，只是早晚的问题。这简直就是猫捉老鼠的游戏！

惊慌失措的武尔夫·施密特选择了沉默，他需要一点时间来作出自己的选择：承认间谍身份，也许会被处死，也许会受到招募；不承认间谍身份，英国人早就对他了如指掌，结局恐怕更差。

武尔夫·施密特的自我斗争使他进入了一个有点自闭的状态，审讯只好中断。就在武尔夫·施密特踌躇不决的时候，罗伯逊上校有点等不及了。德国情报局规定，如果间谍在派遣后3天不发回平安电报，就认为这个间谍已经失败，会中断和他的联系。这样就无法利用他开展对德国的情报欺骗。

忧心忡忡的罗伯逊上校找到迪尔登博士，想知道武尔夫·施密特是否有可能转变过来，如果转变过来又是否可靠。

迪尔登教授通过对武尔夫·施密特的心理分析，判断说：武尔夫·施密特到英国以后，发现自己的所见所闻跟纳粹灌输的完全不同，已经发生了动摇。而且发现自己的一切秘密都被军情五处掌握后，武尔夫·施密特才知道，这个世界上居然存在着比德国情报局更强大的情报机构，他的自信心也已遭到重创。

更重要的，武尔夫·施密特是个热爱生活、具有幽默感的人，他不能忍受在监狱里度过残生，更不愿意为了谎话连篇的纳粹政权献出生命。只要英国方面保证他的生命安全，给他足够体面的生活，武尔夫·施密特是会一心一意给英国效力的。迪尔登教授的判断不但救了武尔夫·施密特的性命，也把一根绞索套在了纳粹的脖子上。两天后，武尔夫·施密特承认了自己的间谍身份，不过他还没有彻底放弃自己原先的"信仰"。

他对迪尔登教授说，可以交代自己来英国的任务，但是不能做双重间谍，因为那样是背叛祖国。迪尔登教授看到武尔夫·施密特防线已经开始崩溃，几乎要笑出声来。

他步步紧逼，对武尔夫·施密特说：他父亲确实有德国国籍，但是他的家乡石勒苏益格－荷尔斯泰因，原先是丹麦领土，1864年才被普鲁士吞并，所以丹麦才是他的祖国。如今纳粹德国又占领了丹麦全境，他为纳粹效忠的行为，哪里是什么为国尽忠，完全是为虎作伥！

而且德国情报局只对他进行了简单的训练，让他带着无数的破绽、操着德国味道的英语、拿着粗制滥造的证件来到英国，完全是让他送死，何曾把他当做同胞了？

迪尔登教授的心理攻势不可谓不凌厉凶猛。一个人要是对自己的国家的认同都发生了动摇，又怎么可能继续为之效忠呢？

看到武尔夫·施密特陷入了沉思，迪尔登教授发动了最后一击。他对武尔夫·施密特说：在他之前进入英国的纳粹特务，一部分因为拒绝合作已经被处死，另一部分正在和英国合作，卡罗利也属于后者。武尔夫·施密特之所以会一落地就被捕，正是卡罗利提供的情报。

听到这里，武尔夫·施密特终于丧失了继续为德国情报局效忠的最后一点信心。在出发之前，汉堡站告诉他卡罗利已经在英国站稳了脚跟，并且正在开展工作，他到达英国后应该主动找到卡罗利，并且接受他的领导。如今卡罗利居然也投降了英国，那么自己的坚持和奋斗都毫无意义，理智一点的选择就是同意和军情五处合作。

就这样，世界间谍史上一位出色的双重间谍诞生了。

效忠英国
战后得到觅恕

武尔夫·施密特同意合作后，被英国人赋予了"塔特"的代号。

军情五处派来一名军官和一名无线电报务员，拟定了一份向汉堡站报平安的电报，要求他立刻发回去，还警告他不准在电文里做手脚，如果他耍心眼就立刻要他的命。

我们不知道武尔夫·施密特有没有在电文中做什么手脚，不过可以断定的是，德国情报局并没有发现他已经被英国人控制，而且所有被英国人掌握的双重间谍都没有暴露。

英国情报机关派出的间谍一旦被捕，往往会在电文中加入一些特别约定的信息，总部一旦在电文中发现这些信息，就会知道自己的间谍已经被发现了。英国控制的双重间谍前后共有40多人，其中有一部分人在当了双重间谍之后又感到懊悔，所以这40多人不太可能全都死心塌地为英国服务。

这样的判断是有理由的，武尔夫·施密特的"上级"、在他之前被英国捕获的卡罗利后来就反悔了，他在被关押的地方两次企图自杀，英国人不得不派两个卫兵看守他。

结果被他找准机会将两人全部打倒，其中一个被他扼住脖子直至昏厥，要不是卡罗利着急逃走，这个倒霉的卫兵就要去见上帝了。

卡罗利逃出自己被秘密关押的别墅后，偷了一辆摩托车，打算到海边找条小船逃回德国，结果只跑出20千米就被抓住。

这次英国人彻底对他失望了，把他关进了货真价实的监狱，直至战争结束才把他放回老家瑞典。为了不让德国情报局对卡罗利的失踪发生怀疑，武

尔夫·施密特还不得不帮着英国人圆谎，发电报说卡罗利生病，必须由一名替补报务员来发报。德国情报局对此深信不疑。

后来又发生了一件叫军情五处心惊肉跳的事情，约尼受命前往葡萄牙首都里斯本，任务期间居然擅自会见了德国情报局的一名间谍。虽然后来的事实证明，约尼没有泄露武尔夫·施密特等人的秘密，但是军情五处再也不敢放约尼自由行动了。

可怜的约尼一返回就被关进监狱，而且不准再和外界有任何接触，直至战争结束。

只有武尔夫·施密特忠心耿耿地为军情五处效力。但是特务机关的行为准则之一就是怀疑一切人，一个人看上去再可靠，也只有经过考验才可以信任。

1941年5月，在发生了卡罗利事件以后，军情五处要求武尔夫·施密特给汉堡站去电，说经费已近枯竭，而且电台的某个电子管快要报废了，希望

英国军情五处办公大楼

能派一名间谍亲自送来。

而德国情报局也正打算派遣新特务，就这样，5月13日的夜晚，党卫军大队长、武尔夫·施密特的老同事卡尔·里希特带着一个电子管和500英镑、1000美元跳到了英国的土地上。可是还没等军情五处动手，一个精明的警官就先发现了卡尔，把他押到了警察局，而且弄得当地尽人皆知。

这样，卡尔就不可能再作为双重间谍来使用了。军情五处没有别的办法，只好把卡尔送上了法庭。当年的年底，卡尔以间谍罪被绞死在旺兹沃恩监狱。

不过武尔夫·施密特因此通过了考验，英国人从此对他不再怀疑。为了让武尔夫·施密特发回德国的电文显得更加真实，军情五处允许武尔夫·施密特在英国自由行动，他甚至找到了一份当记者的工作，到英国的城市和乡村去采访。

不但如此，军情五处甚至让他去参观飞机制造厂和造船厂。武尔夫·施密特聪明机敏，文才出众。他能够根据自己的所见所闻，把实际情况加以修改，写成生动形象的报告发回德国。由于他的幽默感和文学才能，德国方面不但没有发现他已经被英国人控制，而且对他的报告越来越着迷。

至1941年年底，武尔夫·施密特就发出了上千条报告，不但每天报告英国的天气情况，而且还经常报告有关机场和其他英国战略目标的情况，甚至还有英国武器产量和性能的情报，让德国情报局欣喜不已。实际上这些情报都做了手脚，比如把设防严密的地区说成防守空虚，编造一个虚假的英国造舰计划，还把英国飞机和其他武器的产量缩水以后汇报给汉堡站。

这些似真实假的消息使德国在制订西线作战计划时出现了重大偏差，为盟军赢得欧洲战场的胜利创造了条件。

德国方面从来没有怀疑过武尔夫·施密特。武尔夫·施密特经常肆无忌惮地朝汉堡站要钱，口气近乎于勒索。

他曾经在电文里质问上司："你到底还要拖多长时间才派人给我送钱来？""立即给我送4000英镑来，否则你小心倒霉。"

收到钱以后，他居然回复说："今天我要休假，我要喝个烂醉如泥。"

然而，正是这种痞子般的肆无忌惮让德国情报局对他信任有加。一个精神状态如此放松自如的人，一定在当地社会里混得如鱼得水，而且生活状态非常好。

为了给武尔夫·施密特提供经费，德国情报局想尽了办法。武尔夫·施密特向上司勒索4000英镑后，德国人苦于没有可靠的交通线，居然求助于同为轴心国的日本。

当时日本和英国尚未开战，日本外交人员还能在英国自由活动，日本驻英国大使馆的海军副武官把德国人委托他转交的4000英镑夹在报纸里，辗转多次，在公共汽车上交给了武尔夫·施密特。

要知道，当时的英国和日本虽然没有正式开战，但是双方对战争的必然来到也是心照不宣。外交部门的武官多数都是半公开身份的间谍，只要出了大使馆的门，必然遭到反间谍机构的跟踪。

德国居然动用日本外交官来为武尔夫·施密特提供经费，不但说明了德国在英国没有一个可靠的间谍体系，而且也说明了德国情报局对武尔夫·施密特的重视。

武尔夫·施密特先后从德国情报局弄来了80000英镑，按照当年的币值这是一笔相当可观的财富。这些钱理所当然地被军情五处当做了双重间谍活动的经费。

双重间谍的职责，是向德国情报局发送虚假的情报。这些情报不能是完全虚假的，经常是在九句真话里插一句假话。德国情报局虽然没有英国情报机关那么老辣，但也是由一群精明强干的人组成，要想欺骗他们不是件容易的事情。

一般来说，情报机构的信息来源有研究公开媒体、电子监听、密电截获和破译、航空侦察、秘密间谍等。任何一个国家的情报机构，都不会只依赖秘密间谍。

但是对双重间谍的任务来说，问题就复杂了。

163

　　双重间谍的报告，必须和其他信息来源的信息基本吻合，否则对方会立刻发现间谍出了问题。

　　英国在战争时期，为了统一领导情报工作、彼此协调，建立了由内阁领导的"双十字委员会"，成员包括英国陆军部、总参谋部、海军情报处、空军情报处、军情五处、军情六处、内务部、外交部。

　　这个委员会主要任务之一，就是为双重间谍的对德报告"圆谎"，这样德国情报局就会越来越相信双重间谍发回的报告，被英国牵着鼻子走。

　　在第二次世界大战期间，"双十字委员会"的"圆谎"工作可以说是滴水不漏，德国情报局从来没有对双重间谍的报告产生过怀疑。

　　诺曼底战役发起前后，军情五处的双重间谍活动进入高潮。

　　几乎所有可靠的双重间谍都投入了使用。由于战略欺骗的成功，盟军在诺曼底登陆以后，德军统帅部仍然怀疑这是佯攻，主攻方向是在加莱。盟军因此决定把战略欺骗继续下去，以利于巩固登陆场，站稳脚跟。

　　因为武尔夫·施密特之前曾经报告说，自己在怀城发展了一位农场主朋友，此时德国情报局命令武尔夫·施密特立刻赶到加莱对岸的英国怀城，侦察盟军所谓"第一集团军"的集结和作战准备。

　　武尔夫·施密特于1944年5月带着电台来到怀城，在军情五处的安排下"结识"了一名铁路职员，"了解"到了大量铁路运输的信息。他报告德国情报局说，美国第一集团军确实已经在港口整装待发。

　　这个消息让纳粹高层大为震惊，同时纳粹又从其他渠道了解到，这个"第一集团军"的司令就是著名的巴顿将军，这样德国就更加相信诺曼底登陆不过是佯攻，真正的主攻在加莱方向。

　　双方的情报机关首脑还对武尔夫·施密特的情报作出了相同的评语："这份情报简直可以决定战争的命运"。

　　事实证明双方都没有说错，不过德国只能有苦难言。

　　直至诺曼底登陆几个星期以后，纳粹才如梦方醒，把一直部署在加莱地区的几个师撤了出来。即使是这样，武尔夫·施密特也没有引起德国情报局

的怀疑。

至1944年年底，虽然盟军已经在西欧开辟了第二战场，但是纳粹仍在顽抗。盟军由于破译了纳粹的"谜"密码机，以及采用了新型雷达，本来已经将德国潜艇"狼群"逐出了大西洋。但是德国海军司令、"狼群"战术的发明者邓尼兹并不死心。他把装备了通气管的潜艇投入战场，再次给盟军带来了巨大麻烦。

早期的潜艇都采取水上用柴油机推进、水下用电动机推进的方式，电动机的能源来自于蓄电池。但是一艘潜艇上的蓄电池容量有限，所以潜艇只能在水下航行很短的时间，多数时候都要在水面用柴油机航行。

在1943年前的大西洋反潜战中，多数被击沉的德国潜艇都是在水面被雷达发现而遭到攻击的。

早在1938年，荷兰海军就开始想办法解决这个问题，在"0-19号"和"0-20号"潜艇上实验了通气管技术，就是在潜艇的指挥塔上加装一根很粗的管子，当潜艇在潜望镜高度航行时，这根管子也伸出水面，吸取足够的空气供柴油机使用。

1940年，德军入侵荷兰，缴获了关于通气管技术的资料和设备，但是这些资料起初并没有被重视。

至1943年，德国潜艇部队因为损失巨大而被逐出大西洋战场后，邓尼兹决定用通气管技术挽回败局。当时的雷达水平并不高，如果潜艇只把潜望镜和通气管伸出水面，是很难被雷达发现的。

通气管设备安装后效果不错，虽然会导致潜艇航行性能的下降，但是确实大大提高了隐蔽性。这样，盟军虽然能知道德国潜艇的大概位置，但是因为不能精确发现，反潜作战的效能急剧下降。

此时几十万美军和英军正在欧洲大陆上与纳粹厮杀，每天都需要大量的弹药、油料和补给品，有大量的伤员要运送，损失掉的车辆和装备也要及时补充。尤其是习惯大手大脚的美军，更是一刻也离不开补给。因此大西洋航线被德国破坏，这几十万人的战斗力就无法维持，敦刻尔克完全可能重演。

因此大西洋的制海权比登陆更加重要。

为了对付重新猖獗起来的"狼群"，盟军首脑机关费尽了心思。实际上对付潜艇有一个办法，就是用深水水雷设下陷阱。然而当时盟军在西线处于攻势，像水雷这样的防守武器数量不多，而且布雷舰艇也不多。

更重要的是，德国潜艇的活动范围相当大，盟军不可能把德国潜艇活动的所有海区都布满水雷。在这样的困局之下，武尔夫·施密特再次登场。

这次他又"结识"了英国皇家海军"普罗佛尔号"布雷舰的舰长，从他嘴里"知道"了英国所有的布雷海区。为了配合武尔夫·施密特的工作，在英国红十字会向德国方面通报被英国海军俘获的德国潜艇人员名单前后，军情五处都会让武尔夫·施密特向德国报告这些潜艇是如何触雷沉没的。

在此期间，又发生了一件让武尔夫·施密特声望大增的事情。一艘德国潜艇在武尔夫·施密特报告的布雷区里沉没，而艇长在最后时刻报告说自己触雷。结果从那以后，凡是武尔夫·施密特指出的布雷区，德国潜艇从不涉足，让这些地方成了盟军船队的安全区。

因为武尔夫·施密特的"出色工作"，德国情报局破天荒地在电报里批准他加入德国国籍，还授予他一级铁十字勋章一枚、二级铁十字勋章一枚。就在汉堡市被盟军攻占的前夕，德国情报局还在要求武尔夫·施密特努力工作，保持联系。双重间谍做到这种程度，实在是登峰造极了。

至于武尔夫·施密特的结局，应该说还是比较理想的。在日复一日的合作中，武尔夫·施密特逐渐取得了英国人的信任。他不但能走出监狱，生活在自由的空气中，而且还找到了一份当记者的工作。

到这时候，武尔夫·施密特的英语水平已经是无懈可击，谁都不会听得出他的德国口音了。由于他生动风趣的文风，很快就成了当地的著名记者，甚至还有报纸请他现场采访诺曼底登陆。

武尔夫·施密特的个人生活也还不错。他本身就是个帅哥，在缺少壮年男性的战争时期更受女性青睐。武尔夫·施密特于1941年年底和一位哈德福德郡的农场女工结婚，次年得子。他还把这个消息发回德国说："我刚刚当

了一个7磅重男孩的父亲。"

因为忠心不贰，武尔夫·施密特在英国享受到的自由越来越多。他从心理上已经越来越把自己当英国人了。

第二次世界大战结束以后，武尔夫·施密特申请了英国公民权，有了选举权，这让军情五处感到太荒唐了一点，到底武尔夫·施密特是以一个破坏分子的身份来到英国的，于是设法阻止。

武尔夫·施密特也没打算为自己争夺这项权利，他与妻子离婚后，独自居住在伦敦郊区。

也许他是担心某些漏网的前纳粹特务对他怀恨在心，设法报复；也许他对自己的间谍身份已经再没有兴趣，不想对人提起。不过历史是不会忘记他的，英国作家马斯特曼评价说，武尔夫·施密特的名字"将记录在世界间谍史正义的一页上"。

谍海幽灵

"业余间谍"铤而走险

二战期间，英国的秘密外交文件频频被德国截获。盟国之间的重要决策，纳粹德国无不知晓，如开罗会议、德黑兰会议，甚至还有丘吉尔进攻巴尔干半岛的计划等。英国外交秘密屡遭泄露，引起了丘吉尔的严重不安，他责令立即查出隐藏在身边的间谍。谁也没有想到，这位使英美情报机关大伤脑筋的人物，竟是土耳其的一个无名小卒……

穷困潦倒

偶尔走上间谍之路

英国白厅，英国首相丘吉尔正在向英国秘密情报局局长孟席斯大发雷霆。

原来，近日发现，英国的秘密外交文件频频被德国截获。盟国之间的重要决策，纳粹德国无不知晓，如开罗会议、德黑兰会议，甚至还有丘吉尔进攻巴尔干半岛的计划、盟军开辟第二战场的"霸王计划"等。

英国外交秘密屡遭泄露，引起了丘吉尔的严重不安。他责令立即查出隐藏在身边的间谍。

孟席斯不敢怠慢，他动用秘密警察系统，不久，这个人就露出水面。

谁也没有想到，这位使英美情报机关大伤脑筋的人物，竟是土耳其的一个无名小卒，化名"西塞罗"，连他自己也没有想到，他居然成了一名国际人物。

1943年春，在中立国土耳其首都安卡拉的一座高级宾馆的休息室里，伊列萨·巴兹纳心酸地坐在那里喝啤酒。

他已经39岁，可是还一事无成，看来只能一辈子做外国人的仆人了。他当过南斯拉夫大使的司机兼侍从，当过美国武官的侍从，还当过德国大使馆参赞任克先生的侍从。

被德国大使馆解雇的那天，巴兹纳正在安卡拉宫饭店的休息室里考虑着自己的未来。

德国人一定怀疑巴兹纳是间谍了，因为他偷看过秘密文件，并对有些文件照过相，但那都是试试胆量的预演而已。巴兹纳在想，为什么德国人怀疑

170

自己？因为土耳其是中立国，各大国的使馆靠得很近，是刺探军情、进行间谍活动的大好场所。

穷困潦倒的巴兹纳突发奇想，我为什么不能成为一个间谍呢？为什么不能把窃取的情报卖高价呢？

想入非非的巴兹纳偶尔瞥了一下手中的一张报纸，中缝的几行小字立即吸引了他："英国大使馆一等秘书欲征雇司机一名。"巴兹纳兴冲冲地走出了安卡拉宫的休息室，走上了一条充满冒险与灾难的道路。

巴兹纳带了一封介绍信，来到了广告上所说的地点，外面停着一辆佛莱大轿车，车牌上写着"英国大使馆"。汽车的后座上搁着一个打开的公文包，巴兹纳还能看到里面的文件，巴兹纳预感到今后要窃取类似的文件并非难事。

英国大使馆一等秘书巴斯克先生把巴兹纳引进房间的时候，用阴冷的眼光盯着他问道："你申请干这个活儿，是吗？"

"是的，先生。"巴兹纳用法文回答巴斯克用英文提的问题。

"你不会讲英文吗？"

"我能看，也能听懂，但讲有困难。"

"你还懂其他语言吗？"巴兹纳告诉他，除了土耳其文和法文，还懂一丁点儿希腊文和德文。

第二天，巴兹纳就搬进了巴斯克先生的住宅。巴斯克习惯于把文件带回家中，晚上工作。巴兹纳很快就发现了放文件的地方。

一天，巴兹纳趁巴斯克暂时不在，从抽屉里取出一个档案夹里的文件，放在外衣里。巴兹纳还没有来得及走开，巴斯克就回来了，突然问："暖气修好了没有？"他妻子要生孩子了，所以显得异常兴奋。

当巴兹纳回答还没有修好时，巴斯克要他立即去修。

巴兹纳来到装置暖气设备的地窖里，有了机会静下心来看文件。这个档案夹里有使馆写的和收到的备忘录，内有好几份丘吉尔的指示。

这些指示说，必须不遗余力地把中立的土耳其拉到盟国一边来。文件

中还有在土耳其建立盟军机场的计划以及为盟国舰只驶进黑海打开通道的计划。当巴兹纳走出地窖时，觉得自己仿佛已成了能改变土耳其历史进程的大人物了。

巴兹纳准备上楼送回文件时，巴斯克正冲出书房，脸部涨得通红。巴兹纳以为他发现了文件失窃，紧张得浑身发颤，嘴里喃喃地说："暖气修好了。"

巴斯克兴冲冲地打断了巴兹纳的讲话："我不管这个。我刚接到伊斯坦布尔来的电话，我的妻子给我生了一个女儿。"

巴斯克说完就走了，巴兹纳却被吓出了一身冷汗。他赶紧走进巴斯克的书房，把文件放回原处。

此后几个星期，一等秘书巴斯克老是惦记着一个女性——他的女儿，而巴兹纳却惦记着另一个女性——巴斯克夫人带回家照看婴儿的保姆玛拉。

她细长的身材、乌黑的头发，在巴兹纳看来，她身上似乎集中了许多妇女所具有的最优美的风姿。更重要的是，玛拉可能成为巴兹纳达到下一步目

英国安全局总部大楼

172

标的工具。因为巴兹纳想要看到巴斯克带回的文件并不困难，但要获得真正的有价值的文件，必须到英国大使馆本部去。

当时正好英国大使海森爵士要招雇一名侍从，这可是千载难逢的机会。巴兹纳认定，要成为英国大使侍从的上策，是让一等秘书向大使阁下推荐他，但这件事得由玛拉帮忙。

通过旁敲侧击，巴兹纳得知玛拉有过一次痛苦的婚姻，于是约她在安卡拉近郊的一个小公园会面。巴兹纳海阔天空的炫耀很快得到了玛拉的钦慕。

突然间，巴兹纳严肃起来，说道："我要通知巴斯克先生我要辞职。"

玛拉惊愕地望着巴兹纳说："为什么？他对你非常满意。"

"因为你，我要离开。"巴兹纳柔声地说。

玛拉表示十分不解。巴兹纳对她说，自己已是4个孩子的父亲，但对她又一见钟情，为避免使大家为难，最好还是请她与巴斯克夫人说说，把他推荐给大使。玛拉天真地说："你在大使馆工作，我们仍然可以见面。"

狡猾的巴兹纳试探地问："你认为这是件好事吗？"

玛拉的回答是用胳膊搂住了巴兹纳的脖子，紧紧地抱着他。

几天之后，巴斯克就问巴兹纳是否愿意当大使的侍从，巴兹纳当然求之不得。半个小时之后，巴斯克就把他引进了英国大使海森爵士的书房。

巴兹纳的双手微微抖，海森爵士倒显得泰然自若，他肯定没有意识到站在自己面前的，是一生中最大的敌人。

海森爵士简短地打量了一下巴兹纳，就录用了他。接着，大使把巴斯克叫了过去，递给他一个档案袋。

巴兹纳从两个外交官的眼神里可以判断出，这是一份重要的文件。

"明天早晨我退还给你。"巴斯克临走时对大使说。

自鸣得意的巴兹纳心想："是经我看过之后才返还给你。"

那天晚上，巴兹纳仍旧回到了巴斯克的住所。巴斯克夫妇外出应酬去了，巴兹纳很快取出了文件，用莱卡照相机把文件一页一页照下来。

在一旁看着巴兹纳照相的玛拉兴奋地叫道："你是属于土耳其秘密情报

机关的。"

巴兹纳只是笑笑。这确实是一份重要的文件，里面有一份美国交给苏联的全部战争物资清单，还有一份关于1943年10月在莫斯科举行外长会议的备忘录。备忘录说，苏联正在施加压力使土耳其参战。

第二天早晨，巴兹纳就开始了英国大使侍从的工作。管家领他看了一遍大使的住宅，巴兹纳留心观察着每一个房间和通道，以便行动。

他新的工作岗位是每天早晨7时30分叫醒大使，并且送上一杯橘子汁。巴兹纳发现大使床边的桌子上总是放着一只黑色的皮盒子，大使一边喝橘子汁，一边看文件。通过观察，巴兹纳很快弄清了英国大使馆文件传阅和存放的情况。海森爵士的习惯是把全天的秘密备忘录、电报以及其他文件让使馆给他送来，经他过目后，交给秘书放在寓所办公室的保险柜里。但晚上大使要重点研究的文件却放在黑盒子里。

于是，英国大使馆的文件保管存在着一个令人吃惊的状况：越重要的文件，保安工作越松懈。不特别机密的文件放在使馆，那里有强有力的保安人员保卫，但真正事关重大的文件却保存在大使的寓所里，实际上没有任何保卫。最重要的文件就放在大使床边的黑盒子里。巴兹纳一下子就找到了源头，现在他所需要的不过是一把钥匙而已。

有一天早晨，机会来了。平时大使去洗澡总是把钥匙放在浴衣口袋里带进浴室去的，这天却把钥匙留在床头柜上。一共有3把钥匙，一把是黑盒子上的，另一把是保险柜上的，还有一把是大使馆给大使送文件的红盒子上的。

巴兹纳迅速拿出事先准备好的蜡，印好3个钥匙的蜡印。

他刚把钥匙放在床头柜上，海森爵士就穿着浴衣满脸通红跑了进来。当他看到钥匙安然无恙地躺在床头柜上，如释重负。他拿起钥匙又回到浴室去了。他没有想到，钥匙已被做了手脚。

从此，巴兹纳要窃取英国大使的文件就易如反掌了。

出卖机密
成为国际风云人物

1943年10月26日，这是决定性的一天。

巴兹纳决心到德国大使馆去接洽，出售他的情报。到那时为止，他已照了52张高度机密的照片。那一整天，巴兹纳在海森爵士家干活时，一直考虑应开价多少，最后决定开价17万美元。一想到有这么多钱，巴兹纳就乐得发狂。

傍晚18时，巴兹纳离开英国大使馆，口袋里装着两个胶卷。德国大使馆位于阿塔土耳克大街，铁门外是隆隆的车辆、赤脚的农民、赶驴的脚夫、哭泣的乞丐，一片喧闹嘈杂声。门内却秩序井然，安静整洁。

巴兹纳来到德国使馆门口，要求见大使馆参赞任克先生，以前巴兹纳为参赞开过车。

看门人把巴兹纳带到会客室，让他在里面等。

等了好半天，任克夫人终于进来了，寒暄了几句后，巴兹纳说明来意："夫人，我希望从你那里得到一大笔钱……"

任克夫人是赫赫有名的德国外交部长里宾特洛甫的妹妹，她沉着自若地说："巴兹纳先生，我恐怕没有工夫来同你瞎扯。"

巴兹纳着急了："这不是瞎扯，夫人。我来告诉你，我现在是海森爵士的仆人了，我才从英国大使馆冒着生命危险到这里来……"

沉默了一会儿，任克夫人慢条斯理地开了腔："我想我的丈夫会有兴趣见你的。"

任克参赞来到会客室后，巴兹纳摸着口袋里的两卷胶卷说："我现在

卖给你标有绝密字样的两卷胶卷，我要17万美元。以后加一卷，要12万美元。"

巴兹纳开价如此之高，把任克吓了一跳。

巴兹纳威胁说："记住，苏联大使馆只隔两个门。他们一定会出高价的。"

任克参赞恢复了平静："我们不能在不知道你的胶卷确实价值多少之前就付给你那么一大笔钱。况且，我们使馆也没有那么一大笔钱。"

巴兹纳胸有成竹地说："那么你得要求柏林给你汇些来。我10月30日打电话来，那时你就能告诉我柏林是否接受我的条件。"

任克表示这要同负责这种事的人联系。

巴兹纳趁热打铁说："那么，今天晚上吧！"

这么重要的事，参赞带着巴兹纳去见了德国大使慕吉斯，大使显然更感兴趣。

在见面的最后，巴兹纳还要求慕吉斯给他一架莱卡照相机，并不断提供给他胶卷，因为他不便经常去买胶卷。

第二天，德国驻安卡拉大使馆致电柏林，得到了肯定的答复。

10月30日下午15时，巴兹纳拨通了慕吉斯的电话，用事先约好的暗语说："我是皮埃尔。"

巴兹纳听得出德国人愿意做这笔交易。

巴兹纳虽然已拍了两卷胶卷，但还想换取更多的钱。他趁海森爵士吃晚饭的时候，又进入了大使的书房，用仿制的钥匙打开文件盒，取出文件后回到自己的房间。

巴兹纳熟练地架起平时伪装成毛巾架的三脚架，取出照相机，扭开床头柜上100瓦的电灯，照下了文件。

不到3分钟，巴兹纳把文件藏在外衣里回到大使的书房。他正欲进去，却让他大吃一惊，书房门半开着，海森爵士正在里面打电话。

如果海森爵士那时打开黑盒子看看，那巴兹纳的一切都完了。

但海森爵士急着去吃他没吃完的晚餐，压根就没看盒子。巴兹纳又一次脱险了，安然地把文件放回了原处。

巴兹纳事后知道，这些文件是关于盟国莫斯科会议所作决定的详细报告。其中有关于进军法国的准备和增加压力迫使土耳其在年底前加入战争的内容。这些文件的内容德国人无疑千方百计地想知道。

两小时后，巴兹纳去见德国大使慕吉斯时并没有带刚才照的胶卷。他很迷信，因为这胶卷险些带来灾难。

巴兹纳见到慕吉斯后，两个互不信任的人四目相对。慕吉斯突然说："给我看胶卷。"

巴兹纳直瞪着他的眼睛说："给我看钱。"

慕吉斯毫不犹豫地走到保险柜前，取出一大包崭新的钞票。巴兹纳点了点，数字完全正确，是17万美元。

二战时期的德国莱卡相机

第 二 次
世界大战
主要间谍

等巴兹纳走出德国大使馆时，他已成了富人。巴兹纳在安卡拉近郊买了一栋别墅，为玛拉买齐了高档服饰和化妆品。玛拉明知此钱来路不正，但她不在乎。

一次交易后，慕吉斯告诉巴兹纳说："我们替你起了个化名，叫'西塞罗'。"

几乎每天晚上，第二次世界大战著名人物的名字都出现在海森爵士的文件上，罗斯福、丘吉尔、斯大林、艾登、莫洛托夫、霍普金斯等，这些名字每天也在巴兹纳的照相机前列队而过。

在所照文件中，"霸王战役"这个暗语不断出现，巴兹纳逐渐明白，这就是盟军开辟第二战场的代号。

所有这些情报，巴兹纳每天晚上都在汽车里交给慕吉斯，德国人每天都能详细地了解他们的敌人想干什么。英国文件中经常重复提到的"霸王战役"，一经与德国人的其他情报联系起来，就有了极大的价值。

此时，巴兹纳收到了一封远方表亲的来信，信中说一个叫伊丝拉的姑娘要到安卡拉来闯世界，要他关照一下。

巴兹纳去见海森夫人，海森夫人同意这位姑娘可暂住使馆，等找到工作再走。

一位漂亮的天使飘然来到他的身边。伊丝拉芳龄刚满十七，像很多希腊血统的土耳其人一样，长得水仙花一般美丽。伊丝拉的到来，把使馆下人的住处搞得鸡犬不宁。即使巴兹纳看她时，也感到热烘烘的，尽管巴兹纳比她大20岁。

"西塞罗"需要观众，这是他冒险的精神动力。玛拉已使他厌倦了，漂亮的伊丝拉成了他渴望的观众，他要得到伊丝拉的钦佩，同时又要利用这位小天使。

很快，他的计划成功了，伊丝拉从心里接受了巴兹纳，不仅因为他是自己身处异乡的表亲，也是因为巴兹纳的"魅力"。

巴兹纳利用伊丝拉的机会没过多久就到来了。当巴兹纳在熨衣室为海森

爵士熨西服时突然停电了，他走到保险丝盒子那里，发现伊丝拉已经站在那里。

巴兹纳说："一定有根保险丝断了。"

伊丝拉却说："没有断，有几个人在安装海森爵士房里的保险柜。他们叫我把保险丝拆下来……"

没等伊丝拉说完，巴兹纳的脑海里就涌出了一个大胆的新计划，他急匆匆地向海森爵士的房间跑去。

"难道必须把所有的保险丝都拆下来吗？"巴兹纳对着两名忙着弄保险柜的工人发问。

"没有电，不能熨衣服，海森爵士会生气的。如果你们要修理警铃设备，只要拆掉警铃相连的保险丝就行了。"

那个工人试了好几次，总算找到了与警铃相连的保险丝，把其他保险丝插上又回去干活了。

"仔细记住那根保险丝。"巴兹纳命令似的对伊丝拉说。伊丝拉感到困惑不解，巴兹纳逗着她说，"如果把一根保险丝拆下来，就能使警铃失灵，那在保险柜上安装警铃设备又有什么用呢？"

第二天上午，伊丝拉飘然出现在巴兹纳的面前："大使出去吃午饭了。他的秘书也出去了。"

巴兹纳听了，再也坐不住了。

"把保险丝拆下来。"巴兹纳对伊丝拉命令道。

不料伊丝拉说："我已经把保险丝拆下来了。"

巴兹纳吃惊地望着满脸孩子气的伊丝拉，一股冲动使他疾步赶到海森爵士的书房，取出文件后，嘴里吹着巴黎最新流行的歌曲"玫瑰生涯"的调子，回到了自己的房间，用照相机拍下文件。

沿着走廊走回去经过伊丝拉身边时，巴兹纳简短地说了句："5分钟后把保险丝装回去，5分钟就够了。"

巴兹纳有意慢吞吞地走回去，他不愿在伊丝拉面前显露出丝毫的慌张。

　　"伊丝拉！"突然，一个声音喊住他。原来是海森夫人，她冷酷的声音彻底打垮了巴兹纳的故作镇静，他的双脚好像被钉住了似的，呆呆地望着海森夫人。

　　海森夫人机关枪似的发问："你表妹怎么样了？你还没有替她找到工作吗？要知道她不能永远待在这里。"

　　巴兹纳结结巴巴地说："夫人，我本来以为她能在这里工作，因为……"

　　习惯于发号施令的海森夫人打断了巴兹纳的话："这个问题根本不存在。我要你立刻替她找一个别的地方住。"

　　巴兹纳一面唯唯诺诺地答应着海森夫人，一面计算着他那宝贵的5分钟还剩多少时间。

　　海森夫人最后对巴兹纳说："叫管家送些茶来。"

　　巴兹纳见总算有了脱身的机会，转身就想溜。想不到海森夫人又把他叫住了："伊丝拉不一定非要今天就走。"

　　海森夫人说完，昂首走了。

　　巴兹纳浑身冷汗地望着海森夫人的背影消失，然后朝海森爵士的书房飞奔而去，以疯狂的速度打开保险柜，把文件塞了回去。

　　巴兹纳这次搞到的文件是盟军进攻巴尔干的详细计划，看起来是丘吉尔的得意之作。

　　文件中说，盟国的进攻矛头应指向萨罗尼加和保加利亚，这次进攻将由空军配合，飞机自埃及起飞，以土耳其伊斯美尔为基地。进攻的日子定于1944年2月15日，因此，从盟国的观点出发，在这个日期之前就得使土耳其参战。

　　德国人得知这些情报后，向土耳其人施加压力，土耳其仓皇结束了与盟国的谈判，萨罗尼加作战计划就这样取消了。英国驻土耳其军事代表团也走了，这使盟国大失所望。

　　德国驻土耳其大使盛赞"西塞罗"：

提供的情报极有价值……他提供给我们的关于敌人的作战计划的详情，具有重大的直接意义。

纳粹元凶希特勒对"西塞罗"的工作也大加赞赏，表示战后要为"西塞罗"在德国建一所别墅，以示奖励。

"西塞罗"因此成为谍海中的风云人物，受到全世界的瞩目。

不过，这一切都随着德国纳粹的覆灭而烟消云散，"西塞罗"也成为英国秘密警察的阶下囚。

日本 6mm 三八式歩槍

日本歩兵の弾薬盒

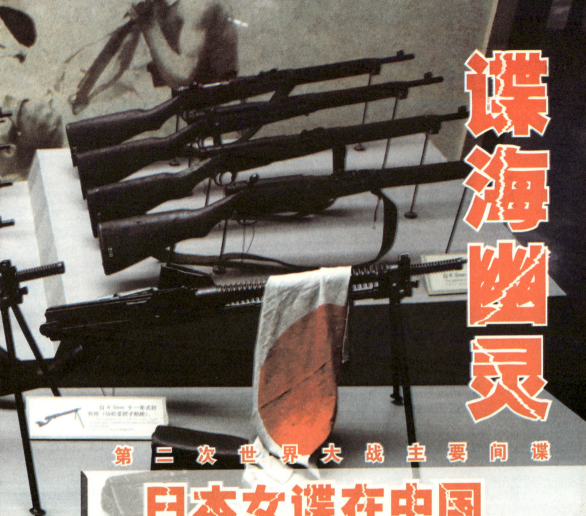

谍海幽灵

第二次世界大战主要间谍

日本女谍在中国

　　川岛芳子，本名爱新觉罗·显玗，是清末肃亲王善耆的十四格格。她6岁被送给日本浪人川岛浪速当养女，16岁开始接受有关政治事务、军事技能、情报收集等方面的专门训练。此后，她开始为日本做间谍，曾先后参与皇姑屯事件、九·一八事变、满洲独立运动等秘密军事行动，亲自导演了一·二八事变、转移婉容等祸国事件。1948年3月25日，川岛芳子被以汉奸罪枪毙。

清朝格格
蜕变日本魔谍

川岛芳子是清朝肃亲王善耆的十四格格，本名爱新觉罗·显玗，字东珍，汉名为金壁辉，生于1906年。

川岛芳子没有赶上清朝辉煌的时期，她一降生就要面对清朝统治的风雨飘摇。川岛芳子6岁的时候，清朝派去镇压辛亥革命的袁世凯反戈一击，精锐的北洋六镇以革命军的旗号杀回北京，一些清朝权贵仓皇出逃。

川岛芳子的哥哥爱新觉罗·宪立后来说："清朝因辛亥革命崩溃时，我11岁，跟父母与弟弟妹妹一起在王府里生活。可是，随着革命军逼近北京，首先是父亲逃离北京去旅顺。一周之后，我们兄弟姐妹也离开了。先是逃到了北京的川岛浪速家中，后来又奔往旅顺。但是，因为山海关的铁桥已被炸毁，我们在中途下了火车，在秦皇岛上了日本的'千代田号'军舰。至今我还清楚地记得，11岁的我拉着6岁的妹妹显玗乘'千代田号'的情景。'千代田号'抵达旅顺时，旅顺全城市民以最高礼遇迎接了我们，我们的亡命生活就这样开始了。"

川岛浪速实际上是一个日本浪人，他名义上是给肃亲王当日语翻译，但是肃亲王是把他当做跟日本联系的桥梁，和他结成了把兄弟。

肃亲王企图恢复清朝的求助信件，也是通过川岛递交给日本政府的。

日本当时执政的是大隈内阁。他们在收到肃亲王的信后，立即表示愿意支持肃亲王，但暗示要先让"满洲"独立才能考虑，还要求肃亲王指定谈判代表。

肃亲王不假思索地指定川岛浪速为谈判代表。

日本政府得知这一任命，吃惊不小，大日本帝国政府怎么能和一个三等翻译谈判呢？

日本政府照会肃亲王，问他为什么张口闭口地总是川岛浪速？原来，肃亲王对川岛信任备至，甚至要把他的十四格格送给川岛做养女。

川岛闻知肃亲王的盛意后感激涕零，他本希望收一个男儿为养子。但是根据清朝的皇室规矩，皇族男子只能过继给本朝皇族，无奈川岛只好接受显玗；而另外一种说法是，肃亲王认为自己的男孩子没一个有出息的，唯有女儿显玗聪明乖巧，认为她将来一定最有出息。

川岛浪速作为肃亲王的代表回到东京后，许多对"满蒙问题"有兴趣的日本人经常聚集到他家中。这些人经常看到一个6岁左右、梳着刘海儿的可爱小姑娘，这是川岛芳子东渡日本后给日本人留下的最初印象。

芳子上女子学校时，川岛把家从东京迁到了信州的松本。芳子在那儿读到了女子学校毕业。当时那所学校叫"松本高等女子学校"，所以说芳子文化程度为高中毕业。

川岛浪速有位秘书，叫做石井。石井的夫人后来回忆说："芳子常穿一件紫裙裤，头扎一条大缎带，一看就知道是一位与众不同的小姐。当问

川岛芳子幼年

185

川岛芳子

到她家乡是哪里的时候，她非常灵机，既不说日本，也不说是中国，而说是'在妈妈的肚子里'。一副才气横溢的精神，给我留下了深刻的印象。"

川岛芳子的一些同学在后来回忆说，川岛芳子经常骑马上学。她高兴了就来上课，不高兴就在中途溜出去，跑到勤杂人员的屋子里消磨时间，是个我行我素的人。但在高校的学籍中并没有川岛芳子这个名字，也没有有关她的情况记录，据说这是因为她当时只是个旁听生。

芳子16岁时，她的父亲肃亲王去世了。当时她正在松本女子高中上学。这样，她称呼为父亲的人就只剩下川岛浪速一个人了。

但是芳子对父亲肃亲王的死，也没有感到非常痛苦。她从孩提时代就经受了乱世的磨炼，亲身经历了种种激烈变化，来到异国他乡，作为一个外国人的孩子长大成人。对于有着这样经历的芳子来说，也许早就丧失了"骨肉亲情"。

尽管如此，她的同班同学在后来回忆："芳子尽管有她与众不同的任性的一面，但她在休息时却常常依在窗边，忧伤地哼唱着中国的歌曲。"

10多年的时光过去了，昔日的小姑娘已经成为身穿和服、口操地道日语、见人

大大方方地鞠躬、颇有礼貌的川岛芳子了。

此时的芳子，常穿水兵式服装，头发有时梳成辫发，有时又随意飘散在两肩。由于年龄渐长，加之其生父和养父的事业急需有才华的后备军，川岛芳子开始接受有关政治事务、军事技能、情报与资料的收集等方面的专门训练。

而她也能无所顾忌地投入那种令她痴迷且疯狂的"男人的运动"中。川岛芳子首先下定决心剪去一头长发，女扮男装。接着，这位身穿黑色礼服、头戴太阳帽并戴着墨镜的女中豪杰，开始和养父的徒弟们一道，学习骑马、击剑、柔道、射击。

据说芳子的骑术精湛，枪法超群。川岛浪速早已发现芳子具有作为一名优秀间谍的天赋，于是开始着手训练芳子收集资料、使用谍报通信器材、制造阴谋、窃取情报等技巧，为她日后成为全日本"军中之花"级的超级间谍作必要准备。

张作霖是日本扶植起来的奉系军阀首领，其势力日益发展，成为统治东三省的"东北王"，并于1927年6月16日在北京建立安国军政府，成为北洋政府的末代统治者。

此时，张作霖试图利用英、美来牵制日本，如将美国资本引进东北，请美国修建大虎山到通辽、沈阳到海龙等铁路和葫芦岛港口，而日本提出的增修吉林到朝鲜会宁铁路和开矿、设厂、移民等，以及阻止中国在葫芦岛筑港的要求，均被张作霖拒绝，引起日本的强烈不满。

日本渐渐发现，张作霖在利用日本人的势力发展至关内后，对日本的兴趣正在逐渐减少。

同时张作霖与北伐军的战争，也以失败告终。张作霖不得不考虑退回奉天。

而张作霖退回奉天势必会破坏日本对"满蒙"乃至全中国的侵略计划，此时日本人已经不能再容忍张作霖了。

于是，日本军部派员到东北集结，着手准备暗杀张作霖。由于日籍特务

在东北行动不便，急需有中国国籍的可靠人士"协力共进"，于是驻扎在东北三省的日本关东军特务处，便派与川岛浪速有师生之谊的崛田正胜少佐回国，游说川岛，希望他为了日本的利益，派遣养女芳子到奉天协助关东军完成一项"秘密任务"。

川岛浪速很快就答应了关东军的"邀请"，并作为交换条件，从陆军大臣岩崎男爵那里弄到了一笔巨款，供芳子寄居旅顺之用。

跃跃欲试的川岛芳子，根本不劳养父多费口舌就一口应承。她从川岛芳子变回肃亲王十四格格，准备为复辟清朝"奋斗"。

事实上，当川岛父女受命协助关东军完成"秘密任务"时，为了不走漏消息，并争取足够的时间让川岛芳子变回肃亲王十四格格显玔，驻上海的日本领事馆领事、中国方面的特务组织负责人吉田茂，特地电告川岛芳子到上海接洽具体事务。

以"省亲"为名到达东北的川岛芳子，却滞留在大连。

川岛芳子一面向旅顺发电报，说自己因患风寒不能如期到达，一面又四处活动，收集有关北京的消息。

这时川岛芳子的谍报天分开始显露了。这位男装"绅士"的举动非但没有引起奉系有关部门的怀疑，而且，谍报机构的几个年轻人还同川岛芳子建立了"热烈亲密"的友谊。

川岛芳子得到了不少有利的情报。

这一举动，显示了川岛芳子的"积极性"之高，也反映出奉系军阀的谍报机关对日本毫无防范，其内部也没有任何组织纪律可言。

一心要灭掉奉系军阀的蒋介石挥军渡过黄河，奉军受到重创。北伐军逼近北京、张作霖败退东北等消息传到了日本陆军参谋总部，引起一片恐慌。

日本首相田中义一紧急授意关东军稽查处采取果断对策："如果战乱波及满洲，为了维持治安，有必要采取适当的措施。"

日本当时的想法是，中原地区无论如何打仗，也不要威胁到"满洲"的安全，也就是不要干扰日本对"满洲"的侵占。

关东军稽查处根据川岛芳子提供的奉军调动情况，以及张作霖近期召开的几次秘密军事会议内容，断定张作霖的后撤对关东军在"满洲"的利益存在致命威胁，必须阻止国民革命军北伐，也不能让张作霖重新回到奉天，对已被日本人所控制的"满洲"产生任何影响。

于是，稽查处命令川岛芳子尽快弄清张作霖返回奉天的具体路线和日程安排，准备实施"秘密任务"。

在接到上级的指令后，川岛芳子只身来到奉天张作霖的私邸，要求与少帅张学良密谈。当时张学良因忙于处理后方事务和迎接父亲安全抵奉，正忙得不可开交，于是便派侍从贴身副官与她相见。

见面过程中，芳子施展自己与生俱来的魅力，使这位副官对自己垂涎不已。川岛芳子见有机可乘，便约定下次与其见面的时间、地点。

经过短期而频繁的接触，拜倒在川岛芳子石榴裙下的副官将关于张作霖行程安排的绝密消息和盘托出。

原来，张作霖为掩人耳目、瞒天过海，对外界公布自己将随大军返回奉天，实际上则是先于军队乘坐火车回到奉天。本来少帅张学良一再建议张作霖乘坐汽车回奉天，但是由于张作霖固执地认为火车的安全系数高于汽车，所以张学良的建议并没有得到采纳。

川岛芳子得知这些情报后

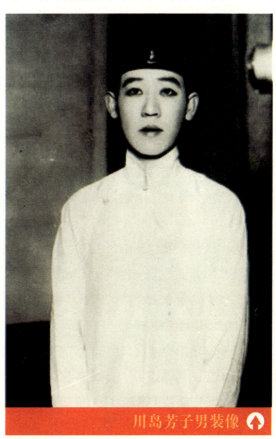

川岛芳子男装像

立即向总部做了汇报。

虽然在收到川岛芳子的情报之前，日军已通过潜伏在张作霖身旁的日本特务先一步获悉了这一消息，但关东军稽查处还是对川岛芳子的谍报才能大加赞赏，称她为"东方的玛塔·哈丽"，名声不胫而走。

1928年6月4日凌晨5时，"东北王"张作霖被日本事先放好的定时炸弹炸死在皇姑屯。日本关东军干净利落地完成了这一任务，川岛芳子功不可没，从此她成为了谍报新星，备受日本特务机关的青睐。

然而，川岛芳子也像她生父肃亲王善耆一样，顽固坚持"满蒙独立"的主张，她为日本人效力的最终目的就是"满蒙独立"。这可不是日本人想要的，他们不但要侵吞"满蒙"，更要吞下整个中国。因此，很长一段时间内，川岛芳子都被日本谍报机关闲置起来。

川岛芳子也利用这一闲置时间，搭乘商船回到日本，接受新一轮的充电。在船上，她对同行的日本关东军谍报员大村骏的弟弟大村洋一见钟情，经过短暂接触，大村为芳子潜在的"优良素质"所震动，对芳子另眼相看。

两人来到大村洋的别墅，做了一对快活的野鸳鸯。两个月的时间里，大村洋不仅教会了川岛芳子一流的床上功夫，强化了川岛芳子"把美色当做炸弹"的意识，而且将"满蒙中的日本"这一信念牢牢地植入到川岛芳子的大脑中。被"洗脑"之后，川岛芳子与日本军方更加"同心同德"，步调一致。

经过这样一番"洗脑"工作，身怀"绝技"的川岛芳子又回到了大连，作为关东军特务处的一名特别人员活跃在中国的军政界。在大连期间，芳子经过原情夫山家亨的介绍，认识了被称为"日本陆军中的怪物"的日军特务机关长官田中隆吉中将。

正是与田中的结识，使川岛芳子的命运发生了重大转折。

据田中的供词说："当时芳子身穿一身中式旗袍，尽管她会说中国话，但她还是用日语做了寒暄。"

这次见面后3天左右，田中接到川岛芳子打来的电话，说她已在四川路医

院住院，希望他能来一下。田中到医院后，芳子用"又像要求、又像拜托的口吻"对他说，自己已没有去处，请给找个住所。

于是田中很快便为她购置一所住宅，成为他藏娇的金屋。田中隆吉在芳子的盛情之下，很快就被弄得神魂颠倒了。

从此，田中与川岛便抱成一团，互相激励，要干一番轰轰烈烈的"大事业"。川岛芳子也变成了日本军方插入中国心脏的一枚锋利的毒针。

以后不论公私，芳子都成为田中"不可或缺的人物"。在田中一生中的某一时期，"她作为一个难以忘怀的女性"，很大程度上左右了他。

其实，这是芳子计划中的事情。田中是特务机关长，探究日本的特务机关长有什么样的神通，是芳子兴趣所在。

潜入中国
活跃于长城内外

"九·一八"事变发生后的10月上旬，芳子奉田中隆吉之命赶到奉天，投到板垣关东军高级参谋的指挥之下。

芳子不仅能自如地使用中日两国语言，而且田中为了把她"培养成一个出色的间谍而倾注了全力"，还教会了她说一些英语，加上她那清室王女的堂皇招牌，使她更便于在这个混乱时期尽力施为，成为一名日军不可多得的战地谍报官和多面间谍。

当时，日本在沈阳的特务机关长土肥原贤二正秘密策划拥立清废帝爱新觉罗·溥仪，建立傀儡政权伪"满洲国"。他将溥仪从天津静园秘密接到旅顺大和旅馆。

由于是顶风作案，走得太过匆忙，溥仪的侍从班子和"皇后"婉容仍滞留在天津。婉容误以为自己已被溥仪抛弃，因此闹了个天翻地覆。

日本军方为了安抚溥仪，尽快实施"大东亚共荣圈"计划，立刻派遣川岛芳子作为密使，去天津迎接婉容，而且此事必须做得神不知鬼不觉。

1931年11月的一天，一位着装入时、窈窕妩媚的漂亮女人来到了天津日本租界宫岛街溥仪的住宅。这就是川岛芳子，她受关东军参谋长板垣之托，秘密来津，企图将婉容接到"满洲"。

川岛芳子再三琢磨，最终采取偷梁换柱之计，用一口棺材将婉容运出了天津，送达关东军手中。然后，成功地使婉容坐上了一艘经过伪装的开往大连的日本兵舰。

婉容除身上穿的一套衣服外没带任何东西。平安抵达大连后，婉容对

"这次可怕的成功的冒险"深感满意，于是便把母亲遗留下来的翡翠耳坠赠给了川岛芳子，以示感谢和纪念。

伪"满洲国"建立后，日本关东军论功行赏，特别嘉奖川岛芳子，授予她陆军少佐军衔，成为日本军阶最高的女子。

1932年1月10日，日本东北方面占领军以关东军参谋长板垣的名义给上海的特务总长田中隆吉发去一封长电，意思是：

希望你在上海挑起事端，把各国的注意力吸引过去，届时关东军则趁机实现满洲独立。

当时上海有个毛巾厂叫三友实业社，田中命令川岛芳子用金钱和色相诱使这个公司的工人去袭击日本山妙法寺的日莲宗的僧侣，使3人受重伤，其中一个叫水上秀雄的因伤势严重而死亡。

事件发生后，川岛芳子把一笔经费交给在上海由日本人组成的"日本青年同志会"，委任重藤千春宪兵大尉指挥他们袭击三友实业社，进行报复性的袭击。从表面上看，这似乎纯粹是群众性的报复行动，与日本军方没有任何关系。但是这样一来，日中两国在上海的对立，已达到一触即发的危险状态。

尽管后来上海市长吴铁城曾就日莲宗僧侣遭受袭击一事照会日本在上海的总领事馆，做出书面道歉，并无条件地答应了日方提出的4项无理要求：第一，向日本道歉；第二，处罚肇事者；第三，负担伤亡者的治疗费、赡养费；第四，立即解散抗日团体，取缔排日活动。

但日本第一外遣舰队司令官盐泽幸一少将在1月28日下达了进攻命令，日本海军陆战队向上海闸北区发起进攻，并与当地守军第十九路军展开了激烈的战斗。

这就是中国历史上著名的一·二八事变。

一·二八事变发生时，川岛芳子只身潜入吴淞炮台，查清了该炮台的大

炮门数，然后向田中的上司——上海临时派遣军参谋长田代皖一郎少将作了报告，对日本制订作战计划起了很大作用。

与此同时，芳子又假扮男生，每夜都在上海百老汇的俱乐部狂欢。通过这种灯红酒绿的生活，川岛芳子又接触到孙中山之子、立法院院长孙科，抢先捕捉到蒋介石下野的消息。

此外，为了摸清中国方面的抗战动向，第九师团的植田谦吉中将曾派川岛芳子设法到第十九路军摸底。川岛芳子受命后，秘密地来到第十九路军军长蔡廷锴住所与之攀谈，弄清了蔡的抗日意向非常坚决，并把这一情况报告给植田师团长。

↑ 溥仪（右）和婉容（左）合影

事实证明，芳子的情报是正确的，事后，植田评价川岛芳子，说她"可抵一个精锐的装甲师团"。由于各国使团出面调停，日本迫于国际压力，不得不尽早结束战争。

就在中日双方为结束一·二八事变缔结停战协定时，川岛芳子通过田中的介绍，利用自身的优势和间谍的素质，很快认识并接近了国民政府中央政治会议秘书长唐有壬，并从唐那里得悉上海的中央银行业已濒于破产，国民

194

政府迫切希望停战。

川岛芳子立刻把这一情况报告了日本政府，结果使日本在停战协议上占尽了便宜。

另外，田中还命令芳子去探听英国对伪"满洲国"独立问题的意向，而川岛芳子也没有辜负田中的厚望。她没费吹灰之力便从英国记者那里获知，英国政府将在国际联盟上对这个问题使用否决权，使他们对日方在一·二八事变中的侵略行径能够施以"谅解"。

由此可以看出，川岛芳子作为一个进行阴谋活动的媒介体、一名超级间谍，为日本的"战争机器"填补了不少有用的零件。

心狠手辣
难逃灭顶之灾

　　说到川岛芳子的"手腕"，不能不提她那令众人倾倒的舞技。正是利用交际舞，川岛芳子能不费吹灰之力地从孙科、唐有壬等国民党军政要员身上窃取到有重要价值的绝密情报。

　　芳子的惯技之一，就是看到有利用价值的男人，便马上约他跳舞。

　　一天，稻田正纯少佐从巴黎回来，在长春中途下车，到多田公馆拜访多田少将。不巧，多田不在。

　　稻田少佐在客厅等待时，芳子跑了进来。虽说是初次相见，可芳子张口就说："哎，咱们跳舞吧！"

　　而"跳舞吧"这句话，在日本人看来是有着特殊意义的。

　　川岛芳子长得眉目如画，冰肌玉肤，身材火爆，神态妖冶，无论是身穿笔挺的西服、华美的和服，还是合体的旗袍，都魅力四射。

　　据20世纪30年代著名艺人李香兰的自传《在中国的日子》所记：

> 　　川岛芳子在人群中有一张非常引人注目的笑脸；她个子不高，匀称的身材包裹在男人的大褂里，却显示出女性的婀娜，气度雍容华贵。

　　川岛芳子娴于辞令，善于察言观色，比一般女子更解风情。她是情场高手，究竟征服了多少男人，恐怕连她自己也没个谱。

　　正是川岛芳子这种超人的手腕，才使她得以成为世界著名的美艳间谍。

1940年，东条英机当选日本陆军大臣后，日本与中国的战争全面展开。当时川岛芳子赋闲在东京，她当然不会错过这个机会，然而东条英机却对她不太感冒。

太平洋战争的爆发使日本在兵源、战争物资等问题上陷于捉襟见肘的困窘境地，因此迫切希望与国民党政府缔结和约。

闲居在东京的川岛芳子探听到这一消息，便急忙打电话给东条夫人胜子说："有一件重要事情，请一定要我见东条阁下。请一定把我护送到日军的最前线。关于蒋介石军队方面，有许多将军是我的熟人，你就不用担心了。我一定要使日中和谈早日实现。"

于是，胜子便把川岛芳子的意思转达给了东条英机。东条一听，脸色马上就变了，他对妻子说道："日本还没有落到非这种女人不可的地步……"

川岛芳子知道，如果现在不下一个大赌注，自己的名字将永远被遗忘。她想和九·一八事变爆发前后一样，重登华丽的舞台。

实际上，东条英机对川岛芳子掌握的消息的准确性确实感到吃惊，同时又十分赞赏她的计划，只是觉得若由日本政府出面派遣她当和谈代表，有损大和民族的威信。

思忖再三，东条英机向北京宪兵司令田宫中佐发电，令他保护川岛芳子

日军陆军大臣东条英机

的安全，尽量为她提供方便。

接着，一份日本军部的命令将跃跃欲试的川岛芳子派到北京，让她以东兴楼饭庄女老板的身份与国民党在京要员广泛接触，收集有关和谈动向的情报。

北京前门外有条西大街，街的北侧有一幢红砖二层楼房。日本侵略军外城宪兵队就在这里。新派来的队长是一个叫田宫的中佐。他作为一个宪兵队长，似乎太年轻了些，对中国的情况又谈不上精通。所以他上任后，马上把部下中所有的"中国通"叫到跟前，让他们介绍北京的情况。很快田宫就发现这不是一个好办法，因为这只能向部下暴露他的无知。

田宫赴任之前，就听到过关于川岛芳子的许多传闻。他想，自己欲飞黄腾达，当中将、大将，就必须同高官显要建立特殊关系，要做到这一点，能否利用川岛芳子呢？

经过一番调查，田宫决定见一见川岛芳子。

一见面，田宫就感觉到自己被对方彻底俘虏了。及至川岛芳子说了一句"我陪您去看一次京剧"，田宫已受宠若惊，心情一直难以平静。

川岛芳子略施手腕把北京宪兵队长牢牢地控制在自己手中之后，便有条不紊地开始着手进行"和谈"的事宜。

首先，川岛芳子利用自己过生日的机会大肆铺张，遍请在京各界名流。其中，伪"华北政务委员会情报局局长"管翼贤、常来华北的邢士廉——此人与军统头子戴笠私交甚深、伪"满洲国实业部长"张燕卿等知名人士、"日满大使馆"的参赞，以及不少梨园名人都成了座上宾。

宴会刚开始，川岛芳子差人抬来一块刻着"祝川岛芳子生日快乐——北支那方面军司令多田骏"的银色大匾。在场的人看到这份礼物，顿时就被芳子的声势镇住了。通过这样的办法，川岛芳子很快便打通了与各界要人接触的渠道。

紧接着，川岛芳子又通过大汉奸周佛海、陈公博等人，与蒋介石面前的红人——军统特务头子戴笠搭上了线。

作为答谢，川岛芳子将负责把南京伪政府的特务分布网和北京谍报人员名单送给戴笠。

于是戴笠欣然同意双方进行初步的接触，并派亲信唐贤秋扮作北京大药行老板与川岛芳子直接磋商有关事宜。

但由于日军进攻缅甸，陷中国远征军于绝境，这种接触暂时中断了。即使如此，为了维系与国民党上层的"合作"关系，川岛芳子在征得日本驻华北方面军参谋部的同意后，将一些非战略性的消息有意透露给戴笠，使军统感到有必要把这位蜚声谍报界的"东方魔女"收到麾下效力。

正当川岛芳子和军统特务眉来眼去、关系暧昧之际，形势急转直下，国民党与日本军方秘密达成了"和平相处，共同剿共"的协议，川岛芳子便渐渐地被军部遗忘了。

面对日益枯竭的活动费用，川岛芳子在田宫中佐的帮助下，网罗了20多个杀人不眨眼的彪形大汉，穿着镶有大将军衔的服装，出入公共场合，专门看准那些有钱的绅士和梨园名角下手，敲诈钱财。一些缺乏背景的老板受到敲诈，只好忍气吞声。

有一次，梨园名角马连良不小心怠慢了这位十四格格，奉上20000元"道歉费"，才得全身而退。

具有蛇蝎般歹毒心肠的川岛芳子，就是利用自己过人的社交手腕以及心狠手辣的作风，在风雨飘摇的北京城里称王称霸、作威作福。

但是，随着日本在太平洋战场和东南亚战场的节节败退，这位昔日权柄炙手的"东方魔女"也只能一逞"落日余晖"，在挣扎和孤寂中等待着历史对她的惩罚。

1945年8月6日凌晨，两颗原子弹"小男孩"和"胖子"分别在日本广岛、长崎爆炸，大日本帝国的旗帜也被黑烟遮盖得失去了以往的光芒。

那些曾挑起世界大混乱的侵略者、阴谋挑唆者、战争煽动者和狂热的军国主义者们，在世界各个角落作为战犯受到了历史的严惩。

"东方魔女"川岛芳子的末日也临近了。

8月15日，日本裕仁天皇宣布投降。

"东方的玛塔·哈丽"也随之走向了她的人生末路，她被国民政府当做头号女汉奸逮捕归案，关进监狱。

她的囚室是方形的，高度3米左右，上方有一个方形的铁窗，天棚上吊着一个小灯泡。房间里放着一张宽一米、长两米的木床，角落里放着一个大马桶。

很快川岛芳子就受到了法庭的传讯。

在整个受审过程中，她一直用在当间谍时所熟悉的手段来奚落法庭，破坏审判的正常进行。

与此同时，表面上不动声色、一副视死如归之态的川岛芳子，又通过各

川岛芳子受审

种关系为自己开脱、推卸罪责。

她首先派人让胞兄宪立找到田中隆吉和多田骏，请他们出面向美国驻日本最高军事长官麦克阿瑟将军求情，向远东军事法庭说情，对国民党政府施加压力。

接着，又写信给养父川岛浪速，恳求他证实自己是日本人，以摆脱因涉嫌汉奸罪而被判处死刑的危险。

最后，川岛芳子亮出了自己的王牌，请军统局头子戴笠帮助营救她。此外，她还通过孙科向国民党上层人物疏通关系，企图逃脱罪责。

不过不管有没有证据，川岛芳子这次是死定了。

国民政府最终在1948年3月25日早上6时40分将她处决。

一代魔女终于伏法，但川岛芳子所犯下的罪恶却并未得到清算。作为日本军国主义的走卒，她至今仍被日本国内某些极端势力称为20世纪不可多得的"巾帼英雄"。

图书在版编目（CIP）数据

　　谍海幽灵：第二次世界大战主要间谍 / 胡元斌主编
．——北京：台海出版社，2013.8（2021.5重印）
　　（第二次世界大战纵横录）
　　ISBN 978-7-5168-0256-4

　　Ⅰ.①谍… Ⅱ.①胡… Ⅲ.①第二次世界大战—间谍
—情报活动—史料 Ⅳ.①D526②K152

　　中国版本图书馆CIP数据核字(2013)第188561号

谍海幽灵：第二次世界大战主要间谍	第二次世界大战纵横录
主　编：胡元斌　严　锴	
责任编辑：王　艳	装帧设计：大华文苑
版式设计：大华文苑	责任印制：严欣欣　吴海兵

出版发行：台海出版社
地　　址：北京市东城区景山东街20号　　　邮政编码：100009
电　　话：010－64041652（发行，邮购）
传　　真：010－84045799（总编室）
网　　址：www.taimeng.org.cn/thcbs/default.htm
E-mail：thcbs@126.com

经　　销：全国各地新华书店
印　　刷：北京九天鸿程印刷有限责任公司
本书如有破损、缺页、装订错误，请与本社联系调换

开　本：710×1000　　1/16	
字　数：210千字	印　张：13
版　次：2014年1月第1版	印　次：2021年5月第4次印刷
书　号：ISBN 978-7-5168-0256-4	

定　价：48.00元